os 10 mandamentos do Casamento

os 10 mandamentos do Casamento

O que Fazer e o que não Fazer
para Criar Ótimos Filhos

ED YOUNG

Traduzido por Diogo Matias

7ª impressão

CPAD
Rio de Janeiro
2023

Título do original em inglês: *The 10 Commandements of Marriage: The do's and don'ts for a Lifelong Covenant*
Moody Publishers, EUA
Primeira edição em inglês: 2003
Tradução: Diogo Matias

Preparação dos originais: Gleyce Duque
Revisão: Elaine Arsenio
Capa: Flamir Ambrósio
Projeto gráfico e editoração: Oséas F. Maciel

CDD: 240 - Moral cristã e teologia devocional
ISBN: 978-85-263-1037-7

As citações bíblicas foram extraídas da versão Almeida Revista e Corrigida, edição de 1995, da Sociedade Bíblica do Brasil, salvo indicação em contrário.

Para maiores informações sobre livros, revistas, periódicos e os últimos lançamentos da CPAD, visite nosso site: https://www.cpad.com.br.

SAC — Serviço de Atendimento ao Cliente: 0800-021-7373

Casa Publicadora das Assembleias de Deus
Av. Brasil, 34.401, Bangu, Rio de Janeiro - RJ
CEP: 21.852-002

7ª impressão: 2023
Impresso no Brasil
Tiragem: 300

À minha esposa, Jo Beth.
Você é o amor da minha vida!

Também aos meus três filhos e às suas esposas:
Ed e Lisa, Bem e Elliott, Cliff e Danielle

E às minhas sete netas,
LeeBeth, Laurie, Landra, Nicole, Claire, Rachel e Susannah;
E ao meu neto, E. J.

AGRADECIMENTOS

Quero expressar minha gratidão a algumas pessoas muito especiais — minha equipe de redação. Primeiro, agradeço a Steve Halliday, autor talentoso, editor e amigo, que executou a tarefa desafiante de transformar minhas palavras faladas em escritas. Sua contribuição com ideias, ilustrações e outros materiais apropriados moldaram a apresentação original destes mandamentos do casamento no livro que está diante de você. Eu tive o privilégio de trabalhar com Steve em outros projetos e posso dizer sem sombra de dúvidas que ele "traz fartura à mesa". Obrigado, Steve!

Eu quero agradecer também a Wallace Henlez, que delineou o livro com sua vasta experiência no ministério e em liderança secular. Sua compreensão do secular e de seus efeitos no sagrado contribuiu profundamente em muitos capítulos. Atualmente Wallace trabalha como um de meus associados e trouxe uma grande riqueza de conhecimento e sabedoria ao nosso ministério.

Agradeço também à minha assistente administrativa, Beverly Gambrell. Ela trabalhou como minha ponte de contatos durante o projeto e gastou tempo revisando meticulosamente o manuscrito e lidando com minhas mudanças de última hora. Mas eu a considero da família, por isso ela já está acostumada com isso!

Eu seria negligente se não reservasse um espaço para agradecer também aos muitos homens e mulheres que escreveram grandes obras sobre o casamento. Com o passar dos anos eu acumulei uma gama rica de informações de autores e palestrantes notáveis. Eu até mesmo incluí uma lista de sugestão de leitura no final do livro. Ela não chega nem perto de ser cansativa, pelo contrário, inclui novos trabalhos e alguns clássicos.

Eu também quero agradecer aos "meus pregadores". Eu leio e ouço de diversas fontes, mas algumas das fontes regulares são meus amigos Chuck Swindoll, Jerry Vines, Bill Hybels e meu próprio filho, Ed. Todo pregador precisa de um pregador, e eu agradeço a esses e a incontáveis outros que me inspiraram e edificaram. Eu acumulei sua sabedoria e conselhos, e por isso sou ainda mais agradecido.

Finalmente, quero expressar minha apreciação pessoal à equipe da Moody Publishers. Eu já a conhecia de longe, mas agora eu conheço pessoalmente: Moody é realmente "o nome no qual você pode confiar"*.

***N. do T.** "The Name You Can Trust" (O Nome no qual Você Pode Confiar), lema nos anos 60 da Moody Publishers, publicadora da versão original em inglês de *Os Dez Mandamentos do Casamento*.

PREFÁCIO: DE BETH MOORE

Um jeito certeiro para se saber se Deus deseja ampliar as fronteiras do ministério de um pastor (1 Cr 4.10) é observar as cercas em torno de suas pastagens se esticarem até se romperem por causa da pressão do rebanho abarrotado. Eu tenho o privilégio de residir e servir na mesma cidade que o Pastor Ed Young. Posso testificar em primeira mão que o rebanho que Deus confiou a ele multiplicou-se indubitavelmente até chegar às cercas dos primeiros perímetros de seu ministério que — apesar de já irem longe para os padrões de qualquer um — foram derrubadas. Um segundo lugar em Houston mostrou-se também proveitoso para satisfazer as necessidades de multidões crescentes, mas tão logo essas novas pastagens se abriram, o rebanho novamente cresceu para além das fronteiras.

O chamariz? O trabalho de Deus através do ensino inteligente, espirituoso e relevante do Dr. Young no púlpito. E agora chegou a hora em que esse homem escreveu mais um livro, oferecendo um pequeno descanso a um rebanho ainda maior.

Eu também conheço Jo Beth Young, sua esposa. Podem me chamar de exigente, mas eu admiro muito mais uma mensagem quando ela é sustentada por algo real por trás dos holofotes. Eu aceito o caráter público quando ele se encaixa no seu lado particular. E esse homem e sua mensagem se encaixam. Meu marido, Keith, e eu tivemos o prazer de conhecer o Sr. e a Sra. Young pessoalmente. Ambos cativaram meu coração quando se tornaram mais próximos ao meu marido do que a mim. Nós não temos apenas um grande respeito pelos Youngs – *nós o amamos.*

Claro, Keith e eu estávamos motivados e movidos espiritualmente durante o tempo em que estivemos com eles, mas também demos boas gargalhadas. *Sem compromisso.* Esse é o tipo de companhia de que eu gosto.

Eu poderia contar para vocês um monte de coisas maravilhosas sobre os Youngs; coisas que notei de longe e coisas que testemunhei muito de perto. Talvez o mais pertinente ao livro que você tem em mãos seja que eles têm um casamento ótimo. Você não vai nem mesmo conseguir terminar seus aperitivos, numa mesa de restaurante, sentado com eles, antes que perceba claramente que Ed e Jo Beth Young são loucos um pelo outro.

Sem dúvida eles fizeram alguma coisa que deu certo. *Os Dez Mandamentos do Casamento* não diz simplesmente *o que*, diz *como*. Eles pegaram os princípios das Escrituras e tiveram a coragem de testá-los no seio da vida moderna no planeta Terra. A Palavra deu certo. Deus deu certo. E não se engane, os Youngs deram certo.

Deus abençoou esse pastor de Houston com um rebanho que extravasou as fronteiras. É verdade, eu fico impressionada com os números, porque sei que a doutrina são só palavras, mas fico muito mais impressionada com sua coleção pessoal de estatísticas: filhos, noras e netos que também tiveram seus pés arrancados pelo amor de Deus e plantados em pastagens onde há inúmeros rebanhos que ouvem suas mensagens sobre a Verdade, sejam faladas ou cantadas. Dr. Young, eu e qualquer outra pessoa que ousa escrever um livro devemos fazer a nós próprios uma pergunta vital: nossas famílias se convenceriam de nossa mensagem? Acreditariam nela? Confirmariam-na?

A família do Sr. Ed Young convenceu-se de sua mensagem. E seus amigos também. Você também pode fazê-lo. Mas não apenas se convença, receba-a. Teste os princípios bíblicos em você. Dê um pouco de tempo e cooperação a Deus, e seus filhos também se convencerão. Deus transforma famílias. Receba daquele que conhece em primeira mão. Ele pode arrancar qualquer vida de um abismo e usar um coração dedicado para transformar uma descendência inteira. Seja essa pessoa!

Estou muito contente porque as cercas foram derrubadas. Esse é um pastor no qual as ovelhas podem confiar.

Beth Moore

Prefácio: Do Autor

Em uma conferência da Associação Americana de Terapia de Casal e Família, o Dr. Mark Carpol compartilhou uma questão que ele acredita estar no âmago de todo aconselhamento para casais. Ele afirma que a vida conjugal dos casais que consideram de forma honesta e respondem inteiramente a esta questão raramente precisaria — se é que precisaria — de terapia de casal. A pergunta que ele encorajou a todos os maridos e esposas a se fazerem é: "Como é ser casado comigo?"

Essa é uma boa pergunta! De modo algum essa é a cura total para os problemas do casamento, mas é uma excelente ferramenta para ajudar os casais a pensarem em maneiras de engajar seus casamentos e aprofundar sua intimidade. Eu acredito que se todo marido e toda esposa se fizessem essa pergunta e fossem totalmente honestos em suas respostas, estariam no caminho para um casamento saudável e edificante.

Quando perguntei a mim mesmo como seria ser casado comigo, eu me dei uma boa olhada no espelho! Vi áreas em minha vida que precisavam ser trabalhadas — além disso, meu respeito e admiração por minha esposa, Jo Beth, cresceram! Isso também engajou a oração e a preparação que levou a uma série de sermões, e eventualmente a este livro.

Quando preparei os mandamentos do casamento, tinha dois objetivos em mente: convencer e desafiar. Primeiro, quero *convencê-lo* de que você *pode* ter um casamento ótimo! Depois, quero *desafiá-lo* a fazer o que for necessário para conquistar esse objetivo. Acredito sinceramente que respondendo à pergunta "como é ser casado comigo?", à luz desses dez princípios do casamento, você será levado a alcançar esse objetivo.

A propósito, seja qual for seu estado civil — comprometido, recém-casado, ou casado por muitos anos; solteiro, divorciado ou viúvo — esses mandamentos do casamento são para você. Eles possibilitarão o primeiro passo para um casamento renovado, ajudarão você a renovar sua aliança que se iniciou há tempos, ou irão ajudá-lo a se antecipar e a se preparar para um relacionamento futuro.

Todo capítulo se encerra com "Refletindo sobre seu Relacionamento", uma série de questões que irão ajudá-lo a praticar os princípios. Se você for casado, responda individualmente às questões, depois se reúna com seu marido ou esposa e compare as anotações. Se você está se antecipando ou se preparando para o casamento, considere as questões à luz de suas expectativas. Suas respostas a essas questões podem prover um padrão de medida de compatibilidade entre você e seu cônjuge. Se você ainda não descobriu essa pessoa especial, as respostas na verdade podem ajudá-lo a entender melhor o tipo de pessoa com quem você gostaria de passar sua vida.

Além disso, você notará antes de cada capítulo um quadro com "Uma Palavra Pessoal". É tão difícil liberar um livro para a publicação. Quando este foi enviado à editora, pensei por um momento: *se eu pudesse me sentar com cada leitor e dizer algo a cada um antes que começasse a ler cada capítulo, o que eu diria?* Assim, as notas pessoais são meus adendos de última hora. Acredito que elas reúnam resumidamente o que eu desejo que você pense enquanto lê os capítulos.

Esta é minha primeira "Palavra Pessoal". E é concernente à introdução (página 19): *Não leia este livro sem antes ler primeiro a introdução! Ela é necessária para que se compreenda a confiabilidade do livro.* Ela é breve, mas importante demais!

Você não encontrará pio ou meandros ministeriais na lista do que fazer e do que não fazer para manter seu casamento por toda a vida. Pelo contrário, acredito que você encontrará uma visão prática, relevante, bem-humorada e convicta do casamento, com a certeza de aprofundar, talvez até mesmo revolucionar, seu relacionamento com seu cônjuge. Então, divirta-se com a leitura, e seja abençoado com um casamento tocado por Deus!

SUMÁRIO

Introdução

Os Dez Princípios para um Casamento Bem-Sucedido

O casamento expõe e revela quem realmente somos. Isso acontece porque, quando dizemos "sim", entramos numa relação de aliança com o nosso cônjuge. Nos negócios, parceiros selam seu relacionamento com um *contrato*, atestado pela lei. No casamento, duas pessoas selam uma *aliança* um com o outro e com Deus. Essa aliança conjugal pode ser mais bem ilustrada por um triângulo equilátero. Deus é o ápice, e o marido e a esposa os respectivos vértices da base. Conforme o casal cresce para perto de Deus, na verdade os dois crescem também um para perto do outro. O resultado de tal relacionamento conjugal é um casamento satisfeito e dinâmico.

Quando peço a um casal que prometa seu amor e comprometimento um ao outro até a morte, estou na verdade pedindo a eles que assumam certos mandamentos ou princípios que garantem um casamento bem-sucedido. Mas assim como os Dez Mandamentos que Deus deu a Moisés no monte Sinai, esses Dez Mandamentos do Casamento não podem ser aplicados sem que haja uma transformação espiritual.

O Apóstolo Paulo ensina que os Dez Mandamentos de Deus servem como um instrumento de diagnóstico. Como instrumentos nas mãos de um sábio físico, essas leis examinam e provam nossas vidas, revelando a doença genética do pecado. O fato é que a Lei literalmente nos condena, revelando-nos a notícia grave de que caímos desesperados pela falta do cumprimento das ordens sagradas de Deus. Essa dura verdade deveria fazer com que nos ajoelhássemos e olhássemos para os céu em busca de uma solução ao nosso dilema — uma cura santa que só vem do Físico Maior.

E qual é a cura? "Se confessarmos os nossos pecados, ele é fiel e justo para nos perdoar os pecados, e nos purificar de toda injustiça" (1 Jo 1.9). Quando confessamos os nossos pecados e nos arrependemos, damos uma meia-volta na nossa vida pecaminosa. Jesus toma sobre si os nossos pecados e nos dá sua justiça em troca. Isso é o que eu chamo de transformação divina e espiritual!

Em seu livro *Renovation of the Heart* (Renovação do Coração), Dallas Willard escreveu: "A renovação espiritual e a espiritualidade que vêm de Jesus são nada menos que uma invasão na realidade do homem natural por uma vida sobrenatural que vem 'do alto'". Esse dom sobrenatural transforma nossos espíritos e começa o trabalho de nos moldar à imagem de Cristo (Rm 8.29).

A vontade de Deus para todo homem e mulher é que Cristo seja moldado nele ou nela (Gl 4.19). E conforme crescemos em intimidade com o Senhor, seu Santo Espírito revela continuamente áreas em nossas vidas que estão em desarmonia com Cristo e nos dá forças para lidar com elas. Esse processo frequentemente doloroso talvez seja mais conhecido como *santificação*.

A transformação deve ocorrer na aliança do casamento. Quando nossos pecados e deficiências são diagnosticados à luz dos mandamentos do casamento, confessamos nossos pecados e recebemos a cura de Cristo, e então passamos pelo contínuo tratamento de transformação conduzido pelo Espírito Santo.

É claro, Deus não deu esses Dez Mandamentos do Casamento no Monte Sinai. Na verdade você nem os encontrará listados em sua Bíblia. Mas eles estão lá, entre as páginas das Escrituras. Eles são dez princípios bíblicos que se revelam mais claramente na intimidade do casamento. Por exemplo, pode ser que um homem solteiro ou uma mulher solteira não consiga perceber quão egoísta é nem quão pobre é sua comunicação. Mas quando vivemos com alguém que nos conhece, até nos pequenos detalhes e que nos aceita e ama de qualquer forma, nossas deficiências em áreas como egoísmo, raiva, comunicação ou perdão são trazidos à tona.

Assim como os Dez Mandamentos dados a Moisés, estes Dez Mandamentos do Casamento atuarão como um diagnóstico, provando e revelando os aspectos insalubres de sua vida conjugal. Então, leia estes capítulos, estes "mandamentos", e deixe o Espírito Santo fazer sua obra.

UMA PALAVRA PESSOAL

Não serás um Porco Egoísta

Para aqueles familiarizados com a definição bíblica de amor, este capítulo pode parecer uma coisa que já se está "careca de saber", uma revisão simples. Mas seja uma revisão ou algo novo, é um fundamento necessário à compreensão do amor servil como a base do casamento — um amor que é oposto ao egoísmo.

— E.Y.

Mandamento 1

Não Serás um Porco Egoísta

Cento e quarenta e dois. Esse é o número de casamentos celebrados em nossa igreja no ano passado. Eu não ministrei todos os 142, claro, mas como um pastor com mais de quarenta anos de experiência, já estive no altar tantas vezes que perdi a conta. Muitas cerimônias deixaram-me memórias eternas — algumas tocantes, outras hilárias. Mas em meio a tantos sorrisos, risos e lágrimas de alegrias que acompanham a maioria dos casamentos, algo muito sério acontece.

Quando ministro um casamento, peço ao casal que prometa — diante de Deus, da família, dos amigos e de mim — que ambos vão amar-se e ter carinho um pelo outro. Peço que prometam honrar e suportar um ao outro na doença e na saúde, na pobreza e na riqueza. Instruo-os a pôr a necessidade do outro à frente das suas próprias e das de outras pessoas, exceto das de Deus.

Essas promessas solenes compõem os votos de casamento. Até hoje, todas as noivas e noivos que já estiveram diante de mim responderam com um franco "sim!". Mas às vezes, fico imaginando se eles entendem completamente o que estão prometendo ao trocarem seus votos. Quando peço ao casal que faça essas promessas, estou na verdade desafiando ambos a assumir dez princípios bíblicos que, se aplicados, ajudarão seu casamento não somente a sobreviver, mas a prosperar! A questão envolverá compromisso, trabalho, mais uma porção de "toma-lá-dá-cá", mas então eles (e você) poderão ter verdadeiramente um casamento ardente!

Esse é o tipo de casamento que Deus deseja que tenhamos. Aliás, casamento é ideia dEle. Ele tem um propósito e um plano divino para o relacionamento entre o marido e a esposa. E como todos os seus planos, esse também é perfeito.

O PLANO PERFEITO DE DEUS

Deus ministrou a primeira cerimônia de casamento de todas — um lindo jardim de casamento num dia perfeito, com um homem perfeito, casando-se com uma mulher perfeita. Adão e Eva tinham tudo isso.

Imagine só! Adão podia verdadeiramente dizer a Eva, "Você é a única mulher no mundo para mim!", e ele nunca ouviria de Eva estas frequentes palavras: "Você precisa ver como é o cara com quem eu *poderia* ter me casado!"

O primeiro casal deleitou-se em seu relacionamento de amor perfeito, o tipo de coisa que Deus pretendia que o marido e a esposa compartilhassem por toda sua vida. Adão e Eva viveram por certo tempo em perfeição, sem pecado, aproveitando o antigo jardim onde Deus lhes visitava e com eles andava na brisa do anoitecer. Nem mesmo um pequeno sinal de pecado ou imperfeição frustrava a cena. A Bíblia nos diz que Adão e Eva andavam pelo jardim, nus, e não se envergonhavam (Gn 2.25). E sua nudez transpunha o meramente físico; eles permaneciam totalmente transparentes um com o outro e com Deus.

Deus prometeu grandes bênçãos ao seu primeiro casal e lhes deu toda a extensão do jardim... Sob apenas uma condição. "Todo este jardim é seu", disse Deus a Adão, "e você poderá comer o fruto de qualquer árvore ou arbusto — exceto de uma. Eu plantei uma árvore no meio do jardim, da qual você *não* deve comer. Se você comer dessa árvore, adquirirá o conhecimento do bem e do mal — e você não está apto para lidar com o peso desse conhecimento. Se você comer dessa árvore, você morrerá" (vv. 16,17, paráfrase do autor).

O ROMPIMENTO DO PERFEITO PLANO DE DEUS

Adão e Eva sabiam das consequências de sua desobediência. Eles perceberam que Deus os havia proibido de comer dessa única árvore. Mas o Diabo, usando um linguajar enganoso e egoísta, atiçou Eva.

"É assim que Deus disse: Não comereis de toda árvore do jardim? [...] Certamente não morrereis" — sussurrou a serpente. "Porque Deus sabe que no dia em que dele comerdes se abrirão os vossos olhos, e sereis como Deus, sabendo o bem e o mal" (Gn 3.1,4,5).

Vocês conhecem o resto da história. Adão e Eva comeram da árvore proibida, e por sua desobediência uma maldição divina caiu sobre toda a humanidade, resultando na exterminadora tragédia da história da humanidade. Naquele dia, o pecado e o egoísmo mancharam nossa existência. Naquele momento, perdemos a perfeita unidade com Deus na qual planejou que compartilhássemos com Ele. Exatamente naquele instante, toda relação humana na qual entraríamos, incluindo o casamento, atrofiou-se sob uma maldição divina.

O PRIMEIRO CONFLITO CONJUGAL DA HISTÓRIA

Essa trágica cadeia de eventos ressaltou o primeiro conflito conjugal da história. Quando Deus confrontou Adão com seu pecado, este respondeu culpando sua mulher: "Senhor, não foi minha culpa. A culpa foi dela!" Ele usou outras palavras, mas fez exatamente essa acusação. A Bíblia conta que ele disse a Deus: "A mulher que *[Tu]* me deste por companheira, ela me deu [o fruto] da árvore, e comi" (Gn 3.12, ênfase do autor). Quando Deus se voltou para Eva a fim de ouvir seu lado da história, ela não se saiu melhor. Ela culpou seus arredores e suas circunstâncias. "Deus, eu não posso ser responsabilizada por isso. A serpente me enganou. Ela é a culpada disso!"

Toda a sórdida cena traz uma imagem vívida e horrível de egoísmo em ação. Revela duas pessoas caindo em tentação, pecando contra Deus e um contra o outro, e então cobrindo a si mesmos — todos na tentativa de esquivar-se de aceitar a culpa e as consequências de seu pecado. O marido culpou a esposa e Deus, enquanto a esposa culpou as circunstâncias.

Isso lhe parece familiar?

Como consequência, a linda relação conjugal que Deus planejou como uma perfeita união em benefício de ambos — homem e mulher — e para glorificar a si mesmo, terminou em uma troca amarga de acusações e recriminações.

Desde então, as coisas nunca mais foram as mesmas.

O PROBLEMA NÚMERO UM NO CASAMENTO

Nosso primeiro mandamento tem que ver com o problema número um no casamento, um contratempo que se revelou com Adão e Eva no jardim. Desde então o percebemos continuamente presente em todos os tempos até o século XXI e permanece como o problema número um no seu casamento e no meu. O que é?

Egoísmo!

Todos nós sofremos do pecado do egoísmo. Ele está presente no coração de quase todos os problemas no casamento. O Conselh eiro Conjugal, Willard F. Harley Jr., escreveu:

> Muitos de nós dedicados a tentar salvar casamentos lutamos diariamente com práticas e crenças culturais que dificultam nosso trabalho. A súbita onda de divórcios dos anos 70, que fizeram dos Estados Unidos o país com os maiores índices de divórcio, tem muito a ver com as mudanças em nossas crenças básicas. *Sendo mais objetivo, tem a ver com uma mudança maior em direção ao egocentrismo.* Crenças que encorajam o egocentrismo destroem casamentos.[1]

Eu não poderia deixar de concordar com o Dr. Harley! E é por isso que nosso primeiro mandamento do casamento é: Não Serás um Porco Egoísta.

Esse mandamento refere-se ao quão simplista e grosseiro você pode ser. E além do mais, estou convencido de que se todo casal que se dirige ao altar levasse esse único princípio a sério, um oásis agradável de contentamento conjugal se espalharia por esta nação. Os advogados teriam que pegar senha numa agência de desempregados. Estou começando a achar que deveria incorporar estas exatas palavras na cerimônia de casamento: "Não Serás um Porco Egoísta".

O primeiro mandamento nos convida a fazer no casamento o que o apóstolo Paulo instrui todos a fazer: "Nada façais por contenda ou por vanglória, mas por humildade; cada um considere os outros superiores a si mesmo" (Fp 2.3). Parece fácil, não é? Mas nosso problema número um, egoísmo, dificulta bastante.

Talvez possamos dar alguns passos positivos incorporando esse mandamento em nossos casamentos se encararmos o problema do egoísmo como uma doença.

A DOENÇA CHAMADA "*PORQUITE*"

Gosto de me referir à doença do egoísmo como "*porquite*". Se você alguma vez já viu um chiqueiro, entende a ideia. Eu vi um chiqueiro pela primeira vez quando era menino. Eu imaginara um curral cheio de porquinhos limpinhos, mas o que vi foi bastante contrário a isso. O chiqueiro transbordava com várias bestas atarracadas, todas afocinhando restos de comida com focinhos lamacentos. Aqueles porcos se deleitavam no lamaçal, e até mesmo empurravam paro o lado outro porco que tentasse forçar a entrada — inclusive seus próprios porquinhos!

Você não precisa ser o melhor diretor-médico do mundo para diagnosticar a "*porquite*". Em qualquer lugar onde você veja alguém com seu focinho tão sujo na lama de seus próprios interesses a ponto de esquecer todas as outras pessoas ao seu redor, você está vendo uma pessoa infectada.

Eu me pergunto: será que você sofre de "*porquite?*"

SINTOMAS DA "*PORQUITE*"

Se você não sabe se tem, procure pelos sintomas. A maioria das enfermidades mostra sintomas físicos e visíveis. Com a "*porquite*" egoísta não é diferente. Seus sintomas são mais óbvios do que os da catapora!

Faça um pequeno autodiagnóstico conforme você for acompanhando cada um dos sintomas abaixo. Pergunte a si mesmo: "Qual o nível de infecção deste sintoma de "*porquite*" em mim?" Para ajudá-lo a lembrar-se desses sintomas, vou usar o "uite" de *porquite* como um acróstico. Os quatro sintomas são: *u*m relacionamento imaturo, *i*nsensibilidade, *t*eimosia e *e*scolha negligente do tempo.

Um Relacionamento Imaturo

Jo Beth e eu namoramos por mais de seis anos antes de nos casarmos. Percebi mais tarde que, seja lá o que sentíamos um pelo outro no dia em que nos casamos, isso tinha mais a ver com "namorico" do que com amor genuíno e maduro. Tínhamos que começar a crescer.

Quarenta e três anos depois, o processo continua!

O que quero dizer com "namorico?" Namorico é uma forma imatura de amor dinâmico que une duas pessoas. Quando estamos "namoricando", queremos estar com a outra pessoa por causa da maneira como ela nos faz sentir. No namorico, nossas necessidades físicas e emocionais têm um papel central no relacionamento. E como aqueles porcos no lamaçal, nós empurramos para o lado qualquer um que não agrade e satisfaça as nossas necessidades.

Muitos de nós começamos com um namorico. Não há nada de errado com isso; pode ser divertido e prazeroso. Mas a menos que o namorico se desenvolva e torne-se amor maduro, o casamento irá se desgastar e poderá não sobreviver às tentativas. E se você construiu seu casamento sobre um namorico, vai acabar tendo uma vida de cão!

Observe os contrastes entre namorico e amor maduro no quadro seguinte.

NAMORICO *VERSUS AMOR* MADURO

Namorico	**Amor maduro**
Concentra-se em receber	Procura dar a outra pessoa
Impaciente, egocêntrico	Paciente, apesar das imperfeições do outro
Tende a explodir de raiva	Responde gentilmente e apropriadamente a irritações
Autoprotetor, porque insiste em atender suas próprias necessidades acima de tudo	Transparente e vulnerável

A resposta ao problema do namorico é a maturidade — e isso significa viver, conforme Paulo escreve em Efésios 5.15, "prudentemente" um para com o outro. Nós devemos viver e conduzir nossos casamentos como homens e mulheres maduros em Cristo. Infelizmente, entretanto, muitos de nós nunca crescemos e superamos a imaturidade nem na vida conjugal nem na espiritual. Enquanto Jesus nos diz para sermos *como* crianças, pessoas imaturas entendem que devemos ser *infantis*.

Os Sociólogos e Psicólogos concordam que os Estados Unidos sofrem a crise da paternidade em parte porque muitos homens não saem da adolescência. Seus corpos crescem, mas suas mentes ainda pensam como crianças imaturas.

Homens (e mulheres também) experimentam constantemente novos caminhos para satisfazer seus desejos. Mas até o mais imaturo pode adquirir prudência ao se dedicar aos princípios de Deus.

Jo Beth e eu tínhamos muito a crescer quando nos casamos. Apesar de agora já sermos avós, ainda crescemos individualmente e em nosso relacionamento. E eu posso dizer honestamente que crescer e amadurecer juntos nos rendeu uma vida ainda mais excitante e compensadora do que aqueles dias de namorico.

Insensibilidade

"Se eu soubesse que ele era tão insensível e apático, eu nunca teria me casado com ele!". Eu já ouvi essa queixa de esposas infelizes tantas vezes que perdi a conta. Comovo-me com os sentimentos que essas palavras ásperas suscitam. Elas normalmente vêm de uma esposa frustrada que se sente desvalorizada, que acredita que seu marido não se importa com suas necessidades ou com o que sente e pensa.

Insensibilidade mata o casamento e pode destruir qualquer tipo de relacionamento. É difícil conviver, trabalhar ou associar-se a uma pessoa insensível. Ninguém quer passar tempo com alguém que não ouve ou não tem qualquer consideração pelos sentimentos ou pensamentos dos outros.

Em Efésios 5.17, Paulo mostra um modelo do que seria sensibilidade: "Por isso não sejais insensatos, mas entendei qual seja a vontade do

Senhor". Duas palavras contrastantes se destacam nesse versículo: *insensatos* e *entendei*. Esse versículo nos diz que a insensatez advém da falta de compreensão.

Compreender depende da sensibilidade. Nós precisamos dela em nosso relacionamento com o Senhor e com outras pessoas, especialmente com nosso cônjuge. Sensibilidade significa buscar entender o pensamento, os sentimentos e as necessidades da outra pessoa.

Vejamos como esse tipo de sensibilidade funciona na prática. Marcos e Laura foram casados por quase dez anos. Marcos possui um pequeno negócio, vendendo acessórios de esporte. O negócio lhe proporciona uma grande satisfação pessoal e uma boa renda familiar. Antes de conhecer Marcos, Laura descobriu sua paixão por pintura a óleo. Ao longo dos anos, ela transformou sua paixão em um lucrativo trabalho extra.

Mas em quatro anos tiveram três filhos. Conforme as fraldas e as cadeiras mais altas se multiplicaram, o tempo de Laura para a pintura acabou. O casal sempre planejou que Marcos é que seria o "ganha pão", permitindo que Laura realizasse seu desejo de constituir uma família. Mas essa mãe atarefada gradualmente descobriu que seu amor pela pintura lhe proporcionava um agradável escape criativo que ajudava equilibrar seu dia. Suas cansativas tarefas de dona de casa, entretanto, logo lhe diminuíam cada vez mais as oportunidades de pintar.

Marcos se sensibilizou com a necessidade de Laura expressar seu dom artístico e, depois de muito pensar na situação, decidiu reduzir seu número de clientes a fim de ajudar sua esposa a prosseguir em sua carreira artística. Laura então conseguiu ter acesso a um pequeno ateliê que lhe proporcionava refrescantes pausas na rotina.

E Marcos? Ele toma conta das crianças e das tarefas de casa toda terça-feira, quintas-feiras de manhã e sábados à tarde. Por causa de sua sensibilidade às necessidades de sua esposa e de sua decisão de agir mais altruistamente, Marcos descobriu uma parte terna de sua vida. Se ele decidisse agir como um porco egoísta, teria impedido sua esposa e a si próprio de serem muito felizes.

Faça a si mesmo algumas perguntas. Como esposa, você é sensível ao seu marido quando ele está enfrentando um momento de grande pressão no trabalho? Como marido, você é sensível à sua esposa quando ela tem sérios problemas com seu chefe ou com seus filhos? Vocês são sensíveis um ao outro naqueles momentos quando simplesmente não se sentem "vocês mesmos?"

Insensibilidade é um sintoma clássico de "*porquite*". Causa-nos uma vida de insensatez — e nossos casamentos sofrem.

Teimosia

Outro dos sintomas da *porquite* é a teimosia, cujo portador também é conhecido como "cabeça-dura". E em nenhum outro lugar pode-se reconhecer a teimosia mais claramente do que na área da sujeição. Paulo aborda esse problema em Efésios 5.22, quando escreve que as esposas devem se sujeitar aos maridos como se sujeitam ao Senhor.

Alguns maridos acreditam que esse versículo os põe "no poder", e não importa qual seja o conflito ou discórdia que surja, o que *eles* dizem é o que vale. Apenas um problema: *não* é isso o que o versículo diz!

Imediatamente antes de o apóstolo dizer que as esposas devem se sujeitar a seus maridos, ele afirma que *todos* os cristãos devem sujeitar-se uns aos outros, motivados pelo temor ao Senhor. Todos nós devemos pôr de lado a teimosia que caracteriza nossa natureza pecaminosa e considerar as necessidades dos outros. Às vezes isso inclui maridos sujeitando-se às suas esposas.

Poucos anos atrás, Bob e Betty iniciaram uma prática que revolucionou seu casamento. Começaram a perguntar um ao outro: O que significa "eu te amo" para você? Eles se comprometeram a atender às respostas que ouviam e assim encontraram a chave da *sujeição mútua*.

Eles falharam nesse aspecto logo no início de seu casamento. Betty já havia presumido que, mais do que qualquer outra coisa, Bob queria encontrar a casa limpa quando chegasse do trabalho. Assim, toda tarde, antes que ele chegasse a casa, ela se apressava como um furacão, limpando tudo que estivesse à vista. Ela sempre o esperava no portão para recebê-lo e o acompanhava até dentro de casa, aguardando seus elogios pela limpeza imaculada — mas nunca os recebeu. Compreensivelmente, ela começou a ressentir-se pela falta da apreciação de Bob, e o diagnosticou como um portador de um caso agudo de *porquite*.

Um dia ela não aguentou mais. Com olhos flamejantes, confrontou-o. Conforme conversavam, Betty percebeu que Bob não se importava de verdade se a casa estaria limpa ou não quando chegasse do trabalho. Ele só queria saber o que tinha para o jantar! A refeição não precisava nem mesmo estar pronta; eles poderiam, na verdade, até pedir pizza. O que significava "eu te amo" para Bob não era uma casa limpa, mas uma esposa feliz com planos para o jantar.

Que revelação (e alívio) para Betty! Daquele dia em diante, Bob e Betty começaram a perguntar "O que significa 'eu te amo' para você?"

Não há casamento melhor ou mais harmonioso do que aquele em que ambas as partes se sujeitam uma à outra, como o fazem ao Senhor. Isso não quer dizer que conflitos e discórdias nunca surgirão, mas que, de qualquer modo, no final das contas, a paz reinará no casamento, porque ambos, tanto a esposa quanto o marido, escolheram conscientemente colocar o outro em primeiro lugar em todas as tomadas de decisão.

Escolha Negligente do Tempo

O apóstolo Paulo nos diz para "remirmos" nosso tempo (Ef 5.16). Literalmente, devemos absorver todas as oportunidades que o tempo nos traz.

Eu gosto de jogar golfe. Assim, quando tenho a oportunidade, frequento um curso nas redondezas para jogar ou pelo menos praticar algumas tacadas. Casualmente, percebi que um homem parecia estar sempre jogando golfe na área de praticantes quando eu aparecia. Ou pelo menos, por grande coincidência, acontecia de ele chegar ao curso quando eu estava lá. Aparentemente ele passava uma boa parte de seu tempo jogando golfe. É como se ele já estivesse lá quando quer que eu chegasse e continuasse lá quando e eu fosse embora. Ele deve tacar centenas de bolas todo dia.

Não posso saber, mas me pergunto: *como este homem gasta seu tempo?* Será que ele tem uma esposa e filhos abandonados em casa, esperando seu marido e pai retornar do curso de golfe?

Recentemente um homem me contou: "Eu tenho sérios problemas com egoísmo no meu casamento na área de tempo para o lazer. Cresci amando esportes, e posso ficar horas assistindo-os na televisão. Durante vários dos meus primeiros anos de casado, notei que muitas das minhas noites foram gastas não com minha esposa, mas com o canal de esportes".

Porque esse rapaz não queria ser Um Porco Egoísta, ele fez uma escolha corajosa. Decidiu interromper a assinatura da TV a cabo — e depois contou que essa foi uma das melhores decisões que já tomou em favor de seu casamento! Quanto tempo nós, homens, poderíamos ganhar para ter momentos de qualidade com nossas esposas se apenas desligássemos a televisão? Tenho que confessar, eu poderia competir com o mais assíduo telespectador, especialmente em se tratando de canais de esporte e notícias. Mas estou convencido, homens, de que se apenas desligarmos a televisão, teremos a oportunidade de obter ainda mais satisfação numa intimidade crescente com nossas esposas.

É fácil gastar nosso tempo com nossas carreiras, passatempos favoritos e outras atividades autogratificantes — todas, a custo de nosso casamento. Nem posso contar o número de pessoas que conheci cujos casamentos sofreram porque um ou ambos se tornaram "ocupados demais" para ter tempo para seu relacionamento. O marido e a esposa pareciam habitar mundos diferentes. Eles viviam juntos, mas mesmo assim nunca reservavam tempo um para o outro. O melhor que um podia esperar do outro era o tempo que "sobrava". A sobra de comida pode dar numa refeição saborosa, mas sobra de tempo cria um relacionamento superficial.

DIAGNÓSTICO E TRATAMENTO DA *PORQUITE*

É hora de se olhar no espelho. Você sofre de *porquite*? Você se vê em um ou mais dos sintomas que acabaram de ser descritos: imaturidade, insensibilidade ou teimosia? Você tende a desperdiçar seu tempo ou dedicá-lo às suas atividades ou interesses pessoais, deixando para seu marido ou esposa o que sobra? Se respondeu "sim" a alguma dessas perguntas, então você tem *porquite*.

A verdade é que a maioria de nós a tem.

A *porquite* egoísta tornou muitos casamentos enfermos a ponto de o relacionamento precisar de uma UTI (Unidade de Tratamento Intensivo). A união do casal tem todas as características da anemia. Perderam a paixão, a alegria e a dedicação a Deus que outrora tiveram juntos. Sentem-se chateados e incompletos no casamento, ficam até mesmo "apáticos" um ao outro.

De certa forma, não está tudo perdido. Se você reconhece tais problemas em seu casamento, já deu um grande passo para fazer mudanças positivas. Dará trabalho e exigirá perseverança, mas você *pode* superar a *porquite* egoísta.

Para ajudá-lo nisso, eu recomendaria que você tomasse PEP (outro acróstico divertido). O tratamento da *porquite* requer três ingredientes: *p*rioridades, *e*xpectativas e *p*adrões.

Prioridades

Dediquem-se ao mesmo projeto. Esse é o primeiro ingrediente no tratamento da *porquite* egoísta. Muitos casamentos permanecem por décadas sem qualquer palavra dita a respeito de prioridades mútuas e individuais. Quando duas pessoas não se concentram em objetivos comuns a ambos, o egoísmo entra facilmente em jogo. E normalmente os objetivos de um tornam-se dominantes.

A chave para que se dediquem ao mesmo projeto? Estabeleçam suas prioridades *juntos*. Reservem um tempo para fazerem sua lista pessoal de prioridades em áreas tais como amizade, trabalho, igreja, finanças, férias e filhos. Uma vez que cada um tenha feito sua lista, comparem-nas. Vejam onde se convergem e onde se divergem. Então, sentem juntos e trabalhem as diferenças. Lembrem-se, se o objetivo é ter o mesmo projeto, isso requererá cessão mútua.

Você gostaria de fazer isso de um jeito divertido e efetivo? Então procure fazer um retiro pessoal, apenas você e seu cônjuge. Não precisa ir a um lugar muito longe ou gastar muito dinheiro. Apenas reserve alguns dias para ir a algum lugar especial para vocês dois, onde possam trabalhar suas prioridades. E passem algum tempo aproveitando a companhia um do outro!

Expectativas

Nosso cão, Sonny, tem problemas com carrapatos. Você já parou para observar uma dessas pequenas criaturas sugadoras? E é exatamente isso que são — carrapatos sobrevivem sugando o sangue do animal hospedeiro. Bem, vou lhe dizer, Sonny foi um *grande* hospedeiro! Ele usou colares especiais e tomou um banho para matar os parasitas, mas de algum jeito os carrapatos ainda conseguiam se agarrar a Sonny e garantir sua própria refeição. A "alimentação frenética" dos carrapatos os inchava, aumentando seu tamanho em muitas vezes. Muitos deles passaram uma vida inteira se alimentando do nosso Sonny.

O que os carrapatos do Sonny têm a ver com casamento? Cada casal que vem ao altar traz consigo seu montante de expectativas. Sempre que estou diante de uma noiva e um noivo, tenho a misteriosa habilidade de ler suas mentes. Enquanto os observo olhando um nos olhos do outro, sei o que ambos estão pensando: *esta pessoa satisfará todas as minhas necessidades.*

É aí que começa o problema.

Eu chamo isso de relacionamento "carrapato no cachorro". O problema acontece na maioria dos casamentos quando se tem *dois carrapatos, mas não tem cachorro*! As necessidades legítimas de pessoa alguma serão satisfeitas enquanto um tentar se alimentar sugando o outro.

É claro que é normal se criar algumas expectativas em relação ao seu cônjuge e seu casamento. Isso é parte do "sim, eu prometo". É vital, entretanto, que cada um comunique suas expectativas. É por isso que o segundo ingrediente do nosso tratamento da *porquite* é a *definição das expectativas.*

A maioria de nós entende isso de maneira errada. Examinamos os casamentos sobre os quais sabemos alguma coisa e chegamos a uma conclusão generalizada: *é assim que um casamento deve ser.* Posso olhar para o relacionamento entre minha mãe e meu pai ou observar outros casais que conheço, ler sobre o assunto, ou ver na televisão e dessa informação tentar determinar como um casamento deve parecer. Esse método profundamente falho de compreensão e expectativas no casamento pode levar à decepção ou até mesmo a um desastre.

Construímos casamentos saudáveis quando sentamos com nosso cônjuge e definimos nossas necessidades e objetivos como uma equipe. Dizemos: "É assim que queremos que nosso casamento seja". Em outras palavras, unimos nossas expectativas. "É isto que esperamos do nosso casamento. Estes são nossos objetivos em nosso relacionamento".

Tente fazer isso no seu "retiro pessoal" do casamento, sugiro de antemão. Retire-se com seu marido ou esposa, reflitam e conversem sobre suas expectativas e objetivos. Se você fizer isso, estará voltado menos para si mesmo e provavelmente mais para atender às necessidades de seu cônjuge. E será bem-sucedido em sua recuperação da *porquite*.

Padrões

O ingrediente final no tratamento da *porquite* requer *padronização de seus estilos de vida*. Quando duas pessoas se casam, trazem para o relacionamento diferentes formas de lidar com a vida. Todo lar é único, e trazemos conosco esse padrão de estilo de vida único ao altar. Alguns desses padrões podem precisar ser quebrados enquanto outros, adotados.

Imagine um marido que venha de uma família que mostre muito mais seus sentimentos do que a família da esposa. Ou talvez um, cujos membros da família sejam bastante moderados enquanto os de sua esposa gastem à vontade.

Reserve um tempo para padronizar com seu cônjuge seus estilos de vida. Como vocês tomarão decisões? Como resolverão conflitos? Como lidarão com o dinheiro? Como disciplinarão seus filhos?

Jo Beth e eu crescemos juntos. Quando nos casamos, conhecíamos muito bem um ao outro. Mesmo assim, viemos de famílias e padrões de estilo de vida diferentes. Tivemos que estabelecer nossos próprios padrões de estilo de vida quando nos casamos. Você tem que fazer o mesmo se quiser livrar seu casamento da *porquite*.

O CAMINHO DA RECUPERAÇÃO

Como saber se estamos no caminho para nos recuperarmos da *porquite*? Como vamos saber quando estivermos curados?

Amor. Amor é a resposta.

Vamos esclarecer essa palavra — uma das que sofrem por excesso de uso em nossa sociedade. Nós "amamos" tudo nas pessoas, nos animais, nos passatempos, na pizza. O mundo se tornou superficial e perdeu muito de sua riqueza profunda de significados. Foi banalizado. Mas, se o "amor" traz a saúde de volta ao nosso casamento — e nos garante que nossa *porquite* está sob controle —, tomemos um momento para restaurar o valor do significado do amor. E não há melhor lugar do que a Bíblia para se encontrar o verdadeiro significado do amor. Deus é amor, e em sua Palavra Ele nos deu claras instruções a respeito da vida, incluindo o amor e o casamento.

O Novo Testamento contém uma porção de termos gregos que traduzimos unicamente pela palavra amor. Cada um desses termos gregos descreve um único tipo de amor, ou uma profundidade ou aspecto diferente do amor. Já que a palavra amor está destituída de significado, vamos dar uma olhada nesses "amores" bíblicos. Consideremos o que podemos chamar de amor *sensitivo*, amor *fraternal* e amor *eterno*.

Quando seu casamento contiver os três tipos de amor, você saberá que foi curado de *porquite* e que está no caminho de um casamento ardente.

Amor Sensitivo

Lembro-me nitidamente de como me senti a primeira vez em que me apaixonei por Jo Beth — meu coração batia como se eu tivesse acabado de correr uma maratona e meu estômago se contorcia como se uma colônia inteira de borboletas estivesse voando dentro dele. Ela me atraiu como um ímã. Sentia-me movido em direção a ela o tempo todo! Sentia-me tão apaixonado quanto o homem descrito pelo poeta anônimo:

> Subi a porta
> E a escada fechei;
> Falei meus sapatos e minhas orações tirei.
> Deitei-me na luz e a cama se apagou.
> Tudo porque —
> *Ela boa noite me beijou!*

Eu me identifico com o pobre rapaz neste poema. Ele sofria de um caso grave do que chamo de "amor sensitivo", ou amor romântico. O termo grego para esse tipo de amor é *Eros*, o tipo de amor erótico que bate recordes de audiência em novelas e filmes.

A propósito, amor erótico não é uma coisa "má"; além do mais, ele foi ideia de Deus. Leia a canção de Salomão e você entenderá a função do amor erótico ou sentimental que Deus planejou para o casamento.

Esse tipo de amor tem a ver com "química" entre o marido e a mulher — uma mistura excitante de paixão, atração física, atos de carinho e sexualidade. O amor romântico é um dom de Deus que deve ser compartilhado entre um homem e uma mulher comprometidos um com o outro no casamento. Não é apenas uma parte agradável do casamento, é uma parte *vital.*

Peça a um conselheiro conjugal que lhe diga qual é a pergunta mais feita por maridos e esposas a ele, ao que provavelmente dirá algo do tipo: "como posso restaurar a paixão e a emoção em minha vida e em meu casamento?" Quando as pessoas dizem que o romantismo ou a "faísca" acabou em seus casamentos, o problema está no enfraquecimento do amor sensitivo.

É certo que não é fácil manter a paixão e a emoção no casamento. Mas as tochas podem ser reacendidas. Você pode restaurar o amor romântico em seu casamento. Pode sim ter um casamento ardente. Como? Vou lhe dar alguns passos práticos que o ajudarão a restaurar as "sensações" em seu relacionamento.

- Dê atenção ao seu relacionamento. Sempre advirto aos casais que continuem se paquerando. Os maridos precisam "cortejar" suas esposas com a mesma dedicação de que precisaram para conquistar seu amor. As esposas deveriam fazem com que seus esposos se sentissem especiais como um cavaleiro numa armadura brilhante.
- Ative seu desejo. Mesmo que não sinta as mesmas emoções que outrora já sentiu, ative seu desejo para fazer as coisas que você naturalmente fazia nos dias de amor apaixonado, romântico. Imagine sua vida como um trem. Seu desejo é a locomotiva e suas emoções os vagões. Uma vez que a locomotiva tenha se movido sobre os trilhos, os vagões a seguem. Assim, não se concentre nas sensações. Sensações são importantes, mas emoções sadias não

podem gerar-se somente de sensações. Comprometa-se com *ações que beneficiem seu cônjuge*, e depois perceba como as sensações se reaquecem.

- Permaneça nos trilhos. Procure seguir os trilhos mostrados nas Escrituras. A primeira obrigação que temos como marido e esposa é óbvia: *ame seu cônjuge como um marido ou esposa dedicado* (Ef 5.25; Tt 2.4). A Bíblia instrui a ambos, maridos e esposas, a amarem-se. Mas, infelizmente, algumas pessoas têm problemas com esse mandamento. Portanto, o segundo nível dos nossos trilhos talvez seja um pouco mais fácil para elas: *ame seu cônjuge como seu irmão em Cristo* (1 Pe 3.8). Se você ainda não está satisfeito, então dê o seu melhor para concordar com o terceiro nível bíblico: *ame seu cônjuge como seu próximo* (Mt 22.39). O Senhor nos ensina a amar nossos inimigos. Se você não consegue amar seu cônjuge pelo menos como ama seus inimigos, então você provavelmente tem alguns problemas que vão além da área conjugal. Sua primeira providência é se certificar de seu relacionamento com o Senhor, porque sem isso, nem um monte de seminários sobre relacionamento nem livros de autoajuda poderão ajudar a solucionar seus problemas conjugais.

Prossigamos para o próximo tipo de amor necessário a repelir a *porquite* egoísta. Há muito mais no casamento do que amor romântico. Enquanto eu o convenço de que este é um estágio vital, divertido e agradável, seu casamento sofrerá caso você tenha apenas um terço do amor de que ele precisa. Muitos casamentos já sucumbiram porque o casal negligenciou prosseguir para além do amor sensitivo.

Amor Fraternal

"Irving Jones e Jessé Brown casaram-se em 24 de outubro. Assim termina a amizade que começou nos tempos escolares". Com essas palavras anunciou o boletim da igreja após o casamento dos Joneses.[2] Eu espero que Irving e Jesse tenham continuado sua amizade, apesar dessa declaração tenebrosa!

A palavra grega para "amor fraternal" é *philia*. Daí Filadélfia (do inglês *Phila*delphia) é chamada "a cidade do amor fraternal". *Philia* refere-se à afeição e vínculo entre dois indivíduos. *Eros*, ou amor sensitivo, resulta em uma pessoa "loucamente" ou "cegamente" apaixonada, como se alguma coisa irresistível na outra pessoa empurrasse o amante enamorado para dentro de um relacionamento. Mas *philia*, amor de amizade, traz consigo a ideia de escolha — um ato da vontade.

Os melhores casamentos do mundo são aqueles em que os parceiros não apenas "se apaixonam", mas que escolhem um ao outro como seu melhor amigo. Pense por um instante no melhor amigo que você já teve. Lembra-se de como você podia dizer tudo a essa pessoa sem ter medo de ser julgado ou rejeitado? Você se sentia seguro para partilhar seus pensamentos secretos, seus sentimentos profundos e desejos mais íntimos.

Em casamentos assim, o marido e a esposa podem honestamente dizer que se casaram com seu "melhor amigo". Esses casais têm tanto em comum que se alegram com a presença um do outro, mesmo sem considerar o aspecto sexual do casamento.

A atração física frequentemente atrai a atenção do homem e da mulher um para o outro, mas casais que tem um ao outro como melhores amigos escolhem esse tipo de relacionamento conscientemente. Certo autor de influência expressa com as seguintes palavras:

> Noel e eu, em obediência a Jesus Cristo, buscamos tão avidamente quanto pudemos a alegria mais profunda e permanente possível. Foi tudo tão imperfeito, às vezes tão desanimador, que arriscamos nossa própria alegria pela alegria do outro. E podemos juntos testificar: àqueles que se casam, esse é o caminho para se realizar o desejo do coração... Conforme cada um busca sua alegria na alegria do outro e cumpre um papel dado por Deus, o mistério do casamento, como na parábola de Cristo e a Igreja, torna-se manifesto para a grande glória dEle e para nossa grande alegria.[3]

Frequentemente dizemos que o casamento é uma amizade que pega fogo. Se seu casamento já tem "amor sensível" e "amor fraternal", alegre-se; ele está melhorando da *porquite*.

Amor Eterno

Os amores sensível e fraternal são ambos baseados, pelo menos em alguns graus, em alegria, satisfação e realização mútua. Encontrei muita felicidade no amor sensível e fraternal que Jo Beth e eu compartilhamos, e confio que ela tenha encontrado o mesmo. Mas o "amor eterno" cuida com tanto afinco do outro que passa a dar sem a expectativa de receber.

Em sua forma mais pura, o amor "eterno" é demonstrado por Deus. Ele derramou seu amor incondicional enviando seu Filho, Jesus Cristo. Não podemos merecer esse ato, nem podemos dar nada em troca que seja equivalente a isso.

A palavra grega para esse amor é *ágape*. O termo é tão raro que não é muito mencionado em outras literaturas gregas a não ser na Bíblia. É como se a palavra tivesse sido criada e reservada para expressar apenas o amor de Deus por nós.

No casamento, esse tipo de amor resiste aos altos e baixos do amor sensível e aos altos e baixos do amor fraternal. É o amor que transcende sensações românticas e surtos de dedicação. Não é baseado em emoções, mas num comprometimento duradouro. O amor *eros* refere-se ao corpo; *philia*, à alma; mas *ágape* diz respeito ao espírito.

Muitos casais tentam prosseguir com um terço, ou, na melhor das hipóteses, com dois terços do casamento. Muitos têm um relacionamento apenas físico, e quando o fogo se apaga, o casamento se acaba. Outros têm o relacionamento físico e a amizade, mas vem o dia em que a amizade se amarga e o casamento termina.

Mas maridos e esposas que desfrutam de um casamento "três terços" têm um relacionamento completo. Não importa o que aconteça nos outros níveis, o amor *ágape* sustenta o casamento e lhe dá profundidade e vitalidade.

A Bíblia nos dá uma descrição clássica de amor *ágape* através das seguintes palavras e frases (adaptadas de 1 Co 13.4-7):

Paciente
Cortês
Não é invejoso
não é soberbo nem arrogante
Não se porta desapropriadamente
não busca seus interesses em primeiro lugar
Não guarda rancor
Não se alegra com a injustiça, mas com a verdade
Suporta tudo
Não é cínico nem destrutivo
Tem esperança em todas as situações
Suporta tudo que vem contra si

De tempos em tempos, eu verifico como estou me saindo em cada uma dessas características do amor *ágape*. Eu pergunto a mim mesmo se estou sendo paciente, cortês, ciumento, soberbo ou arrogante com a Jo Beth — você pode imaginar. Eu encorajo você a fazer o mesmo teste com relação ao seu cônjuge ou pessoa amada. Se for honesto, descobrirá áreas em que você, como eu, precisa melhorar.

O amor "sensível" torna o casamento emocionante. O amor "fraternal" traz alegria e interesse pelo relacionamento. Mas esses amores derretem e mínguam, são inconstantes e desaparecem. O amor *ágape*, todavia, se renova constantemente e torna o casamento seguro. Dura um amor "eterno" para que se disperse nosso egocentrismo e para que sejam restauradas a paixão e a amizade que curam a *porquite* egoísta. E somente Deus pode nos dar esse amor.

VALE A PENA

Numa entrevista recente, Oprah Winfrey conversou com Billy Graham sobre o casamento dele de cinquenta e seis anos com sua esposa, Ruth.

— Qual é o segredo do seu casamento maravilhoso? — perguntou Oprah.

O Dr. Graham simplesmente respondeu: — Felizmente somos incompatíveis.

O que ele esta dizendo? O grande evangelista estava querendo dizer que enquanto ele e sua esposa eram diferentes, felizmente conciliaram suas diferenças. Billy e Ruth Graham aprenderam como dominar seu próprio egoísmo e considerar o outro mais importante. Esse é o nosso primeiro mandamento do casamento na prática. Eles ilustram como esse mandamento estabelece o fundamento para um casamento feliz e bem-sucedido.

Mesmo que o casamento não seja sempre fácil, sempre vale a pena. Na verdade, exceto o relacionamento com Jesus Cristo, o casamento é o relacionamento mais sagrado e fabuloso que Deus oferece. Quando um homem e uma mulher aprendem como deixar de lado seu próprio egoísmo e dar ao outro prioridade máxima, seu casamento pode se encher completamente de paixão, satisfação e força.

REFLETINDO SOBRE SEU RELACIONAMENTO

1. Em que áreas específicas do seu relacionamento com seu cônjuge (ou pessoa amada) você se flagra comportando-se ou pensando de forma egoísta?
2. Que sintomas específicos da *porquite* você consegue identificar em si mesmo?
3. Que tipo de expectativas você tem em relação ao seu casamento e cônjuge? Como comunicar essas expectativas a ele ou ela?
4. Veja o "teste de amor de 1 Coríntios 13". Pergunte a si mesmo se você é paciente, cortês, orgulhoso etc. para com seu cônjuge. Em que área(s) você precisa melhorar?

UMA PALAVRA PESSOAL

Cortarás o Cordão Umbilical

Quando nos colocamos diante do altar, de fato, estamos dizendo ao nosso cônjuge que ele ou ela é o número um. Mas se ainda somos dependentes de parentes ou pessoas e lugares do passado, nosso cônjuge pode não estar realmente no topo da nossa lista. Para deixarem, se apegarem e se tornarem um, vocês têm que cortar o cordão umbilical.

— E.Y.

Mandamento 2

Cortarás o Cordão Umbilical

Durante uma sessão em grupo, um conselheiro perguntou a três homens:

— O que vocês fariam se soubessem que só têm quatro semanas de vida?

— É fácil! — respondeu o primeiro homem. — Eu iria para Las Vegas e me divertiria por lá gastando todo o meu dinheiro. Não dá para levá-lo junto, então eu gastaria tudo antes de partir.

O segundo homem, o humanitário do grupo, disse:

— Eu partiria daqui e ajudaria meus companheiros do jeito que eu pudesse. Ministraria às pessoas e tentaria fazer com que tivessem uma vida melhor.

O conselheiro virou-se para o terceiro homem e esperou sua resposta. Sem hesitar, o homem respondeu:

— Eu me mudaria para a casa da minha sogra e ficaria com ela cada minuto de cada dia de todas as quatro semanas.

— Isso é um pouco estranho — respondeu o conselheiro. — Por que você faria isso enquanto há maneiras mais divertidas e produtivas de se passar as quatro últimas semanas de vida?

— Porque — respondeu o homem — essas seriam as quatro semanas mais longas da minha vida!

Minhas desculpas às sogras que lerão isso, mas vocês sabem, mais do que qualquer um, o quanto as piadas de sogras são populares em nossa cultura. Nós rimos delas, não necessariamente por desrespeito, mas porque muitas vezes contêm pequenos elementos de verdade.

Alguns casamentos desfrutam de amor e respeito mútuos entre cônjuges e suas sogras e sogros. Os pais sabem quando devem deixar seus filhos em paz e deixá-los resolver seus próprios problemas conjugais. Lamentavelmente, entretanto, muitos outros casamentos têm de resistir à constante intromissão dos sogros e sogras ou de outros parentes.

A interferência no casamento não vem somente de sogras bem intencionadas, é claro. Também pode vir de amigos, de outros membros da família e até mesmo de ex-cônjuges, ex-namorados ou ex-namoradas. Contudo, a última coisa de que um casal precisa é a interferência interna ou externa — o que nos remete ao segundo mandamento do casamento: *Cortarás o Cordão Umbilical.*

CASAMENTO: O PROJETO PERFEITO DE DEUS

Quando o francês Auguste Bartholdi projetou a Estátua da Liberdade, ele sabia que deveria estruturá-la perfeitamente. Os ventos no Porto de Nova York balançariam a enorme massa de cobre e a despedaçariam caso a estátua não fosse bem construída. O monumento poderia até mesmo desmoronar por causa de seu próprio peso se seus componentes não fossem conectados corretamente.

Bartholdi, por essa razão, procurou Gustave Eiffel, um engenheiro estrutural que construiu a famosa torre que recebeu o seu nome. Para a Estátua da Liberdade, Eiffel construiu um núcleo de aço e ferro e então conectou suportes de armação a essa porção central. O conhecimento de Eiffel sobre quais partes deveriam se conectar a outras e quais deveriam ter cargas separadas tornou possível a construção da querida estátua que dá ao mundo as boas-vindas aos Estados Unidos.

De modo similar, Deus cuidadosamente projetou a estrutura do casamento para que permaneça firme sob qualquer tipo de tempestade. O princípio de seu desenho-chave para casamentos fortes pode ser resumido em duas palavras: deixar e apegar-se.

Até mesmo no casamento, certos elementos têm que ser conectados a outros em razão da sua força, enquanto outros têm que ser separados, a fim de que a combinação de seus pesos não desmoronem toda a estrutura.

A PLANTA DE DEUS PARA O CASAMENTO

Bem no início do relacionamento de Adão e Eva como marido e esposa, Deus disse ao casal: "Portanto deixará o varão o seu pai e a sua mãe e apegar-se-á à sua mulher, e serão ambos uma carne" (Gn 2.24).

Esse mandamento aparece cinco vezes na Bíblia.[1] Bem, quando Deus diz *alguma coisa*, sabemos que essa coisa é importante, seja o que for. Quando Ele afirma algo duas vezes, temos que marcar o texto com um asterisco ou sublinhá-lo. Mas *cinco* vezes! Você consegue entender que Deus está querendo toda a nossa atenção? Quando Deus considera algo significativo o bastante para dizê-lo cinco vezes, podemos estar certos de que é de vital importância. É melhor que entendamos muito bem!

O mandamento que Deus deu a Adão e Eva contém três palavras cruciais: *deixará*, *apegar-se-á*, e *carne*. Ao se compreender essas três palavras, tem-se a chave para se entender a maneira como Deus planejou o funcionamento do casamento. Acredito que todos os problemas conjugais se originam da falha do marido ou da esposa em seguir completamente as instruções de Gênesis 2.24 para deixarem, apegarem-se e tornarem-se uma carne. Portanto, se fizermos isso direito, estaremos no caminho que leva a um casamento mais saudável, mais forte e mais feliz.

HOMEM E MULHER SE UNEM

Em nossa cultura, quando um homem escolhido e uma mulher escolhida se encontram e expressam interesse mútuo, frequentemente dá-se início a um namoro. Durante esse tempo de namoro, o casal descobre diferenças e semelhanças em seus objetivos, desejos, sonhos e até mesmo em seus gostos e aversões. Eventualmente, unem-se em casamento.

Unindo-se... como Cola

Quando isso acontece, Deus instrui o marido e a esposa a deixarem as influências dos pais em sua infância e adolescência a fim de se apegarem um ao outro. "Apegar-se" é nosso termo para "colar". E não apenas colar — mas supercolar!

Eu aprendi pelo caminho mais difícil a ser cuidadoso ao trabalhar com supercolas. Para crédito seu, Jo Beth tentou me avisar. Quando eu lhe disse que "acidentalmente" grudei meu polegar no meu dedo indicador, ela amável e pacientemente (e um pouco vagarosa demais, devo acrescentar) foi até o banheiro e pegou um pouco de um líquido com forte odor que ajudou a separar meus dedos. Quando separei meus dedos, tive um entendimento completamente novo sobre o significado de "uma carne". Com supercola suficiente, a união ficaria tão forte que não seria mais possível separar os dedos sem danificar a carne de um ou de ambos.

Essa é a força projetada para a união no casamento.

Unindo-se... como Velas

Muitos de nós tivemos um casamento em que a noiva e o noivo acendem uma "vela da união". Sobre o altar põe-se um castiçal com três velas — uma grande que fica entre duas outras menores. Em um determinado momento da cerimônia, o noivo e a noiva pegam as velas pequenas, que representam suas vidas individuais, e juntos acendem a vela maior. Quando terminam de acender essa "vela da união", assopram as suas próprias, simbolizando que não são mais dois indivíduos, mas somente um.

Devo confessar que não acredito que essa representação expresse bem o que acontece quando duas pessoas se casam. Acredito que Deus deseja que cada parceiro mantenha sua própria identidade. A noiva continua sendo a noiva, e o noivo, o noivo. Ainda são distintamente macho e fêmea; cada um mantém sua própria personalidade, necessidades e talentos. Mas no casamento, todas as suas particularidades são ligadas a fim de se criar algo mais forte e mais profundo do que o que existia antes. Eles são agora marido e mulher!

Quando um homem e uma mulher "deixam e se apegam", tornam-se um. É isso que gosto de chamar de "matemática divina". Um mais um é igual a um! Há agora somente uma carne, uma agenda, uma unidade conjugal.

Se todos os casais tivessem uma compreensão clara do que têm que deixar e a que devem se apegar, todo casamento desfrutaria da confiança estrutural que Deus projetou no princípio. Nenhuma tempestade seria capaz de derrubá-lo!

DEIXANDO OS PAIS

O que Deus quer dizer quando nos diz que devemos "deixar pai e mãe?" Vou começar dizendo o que Ele *não* quer dizer.

De modo algum Deus está sugerindo que devemos terminar nosso relacionamento com nossos pais quando nos casamos. Ele simplesmente quer que saibamos que nossos pais não são mais as figuras preeminentes em nossas vidas; nossos cônjuges passam a assumir essa posição elevada.

Certamente toda mãe ocupa um lugar que nenhuma outra mulher pode ocupar na vida de seu filho. Mas tendo ele se casado, ela não é mais a mulher número um em sua vida. Essa posição é agora reservada à sua esposa. Da mesma forma, enquanto ninguém nunca pode ocupar o lugar da "garotinha do papai", o marido — não o pai da mulher — é que é o homem mais importante em seu mundo.

Os casais precisam se lembrar de que entraram num relacionamento no qual são comprometidos a honrar um ao outro, a atender às necessidades um do outro, a sujeitar-se um ao outro e a reservar-se um para o outro de todas as formas. Filhos que se casam precisam "partir" e os pais precisam deixá-los ir.

Eu chamo esse processo de "cortar o cordão umbilical". Há, na verdade, dois cordões primários que todo casal deve cortar.

1. Cortando o "Cordão da Advertência"

Pelo fato de dependermos tão frequentemente das advertências de nossos pais, o primeiro cordão que sugiro que seja cortado é o *cordão da advertência.* Você pode dizer aos seus pais para cortarem esse cordão ou dar a eles esta seção do livro para que leiam estes dois pontos. Afinal, o melhor é que os próprios pais iniciem o corte. Por isso estes dois pontos foram escritos primeiramente aos pais.

Conforme crescem, nossos filhos precisam ser advertidos. E sentimos que precisam. Mas depois que se casam, precisamos recuar e deixar que nossos filhos casados resolvam seus próprios problemas.

Como pai, sei que é algo penoso de se fazer. Meu filho mais velho, Ed, foi o primeiro dos nossos filhos a se casar. Se eu previsse um problema vindo ou pensasse que sabia o que ele tinha que fazer em certa situação, sempre me intrometeria e estabeleceria como ele deve ser um marido ideal! Mas Jo Beth me daria uma cutucada na costela ou me daria "aquele olhar", lembrando-me de que eu sabia muito pouco sobre como ser um marido ideal.

Da mesma forma, quando conflitos ou problemas se levantam entre um casal, ambos, jamais deveriam primeiro ligar para a mamãe ou para o papai a fim de pedir conselho. Em vez disso, deveriam procurar um ao outro e, usando os princípios da Palavra de Deus, dedicadamente tentar resolver seus próprios problemas, buscando conselho externo apenas se necessário.

Isso significa que a sogra ou o sogro jamais deveria advertir ou aconselhar? Claro que não. Toda família precisa, algumas vezes, de conselhos externos. Se você é pai ou mãe, sogro ou sogra pode oferecer uma perspectiva valiosa. Lembre-se, entretanto, de que pais sábios entendem que devem ouvir *todos* os lados, incluindo a posição de seus genros e noras. Conforme você ouve silenciosamente, ore e encoraje. Virá o dia em que descobrirá que é respeitado, ouvido e amado genuinamente.

Agora, para pessoa que deixou (ou está deixando) mãe e pai: Constituir uma família não significa acabar com seu relacionamento com seus pais. Você os está deixando, não os abandonando ou se abstendo de toda a sua influência. Depois que nos casamos, ainda devemos continuar obedecendo ao mandamento do Senhor para honrar pai e mãe. A experiência de vida dos pais pode ainda exercer um papel vital na vida de seus filhos casados. A Bíblia contém muitos exemplos maravilhosos a respeito disso.

Veja Noemi, a sogra que teve um lindo relacionamento com sua nora, Rute. E lembre-se de Jetro, o sogro de Moisés. Jetro trouxe Moisés para ficar ao seu lado e disse-lhe que estava trabalhando demais. Ele aconselhou Moisés sobre como ser um administrador e líder mais eficiente. Moisés seguiu o conselho de seu sogro e tornou sua vida e seu serviço a Deus muito mais eficaz.

Não é sempre fácil para os pais cortar o cordão e permitir que seus filhos constituam e vivam seus próprios casamentos e famílias. Do mesmo modo, é difícil para alguns filhos casados deixar para trás a segurança de casa e o estilo de vida em que foram criados. Mas se você deseja ter um casamento saudável, precisa deixar para trás a "rede segura" de seus pais e criar seu próprio "lar, doce lar".

2. Cortando os Cordões Financeiros

Pelo fato de muitos casais permanecerem tão dependentes de seus pais, sogros e sogras por razões relativas a dinheiro, eu sugiro que os pais cortem os *cordões financeiros*. Não fazê-lo pode tornar o casal dependente ou até mesmo ressentido.

Quando o marido de Elisabeth morreu, deixando-lhe uma fortuna, ela doou aos seus filhos casados e a suas famílias casas, carros e todo luxo que desejavam. Mas os atos de generosidade de Elisabeth sempre exigiam algo em troca. Toda vez que um de seus filhos tomava uma decisão que ela questionasse, Elisabeth dizia: "Mesmo depois de tudo que fiz por você, ainda vai fazer o que não quero". Seus filhos tornaram-se bastante dependentes dela e assim eram fáceis de se manipular — e, como era de se esperar, ficaram extremamente ressentidos.

Ann e Bill tinham uma visão mais saudável. Discutiam sobre o nível de ajuda que seus filhos receberiam deles quando atingissem a vida adulta. Eles determinaram que ajudariam seus filhos a se tornarem estáveis, então recuaram para que seus filhos pudessem sustentar a si próprios. Ann e Bill pagavam a maior parte das despesas com a faculdade e ajudaram a ambos, ao filho e à filha, a comprarem suas primeiras casas. Assim, apesar de terem muito dinheiro, a família de Ann e Bill desfrutava um relacionamento livre de manipulação e culpa.

Sem saber, Ann e Bill seguiram o mesmo método que a águia usa para tornar seus filhotes independentes. A mamãe-pássaro empurra um bebê-pássaro para fora do ninho antes que o filhote saiba voar. Quando o passarinho imaturo começa a se aproximar do chão, a mãe mergulha por baixo dele e o carrega em suas costas. Aos poucos, através desse exercício aterrorizante, o bebê-águia aprende a bater suas asas e a se manter no ar. De modo similar, a independência financeira pode acontecer dentro de uma relação humana pais-filhos.

Deus convoca filhos casados a "deixarem" mãe e pai. Boa parte disso pode ser feita cortando-se os cordões da advertência e os financeiros. Mas casais com um casamento bem-sucedido aprendem que precisam deixar mais do que apenas seus pais.

DEIXANDO AS "PESSOAS DO PASSADO"

Há muitos anos, Willie Nelson e Julio Iglesias cantaram uma canção popular, "To All the Girls I`ve Loved Before" (A todas as mulheres que já amei). Ainda consigo ouvi-los fazendo elogios a todas as suas namoradas antigas, conforme cantarolavam em voz baixa.

Não obstante de Willie e Julio, os homens têm que deixar as mulheres que um dia já amaram, e as mulheres devem deixar seus namorados de outrora. É um erro grave insistir ativamente na memória de amores passados. Os maridos e as esposas devem colocar seu relacionamento à frente e dar ao seu cônjuge sua total afeição e sentimentos de amor.

Deixar pendentes todos os amores antigos que você já teve pode levá-lo à síndrome da "grama mais verde". É apenas uma questão de tempo até que o conflito surja em seu casamento. Se você não "deixar" seus amores passados, se sentirá mentalmente tentado a comparar seu parceiro ou parceira com aquela pessoa do seu passado. Pensamentos como *Se eu tivesse me casado com a Fulana*, ou *eu tenho certeza de que o Beltrano agiria diferente nesta situação*, pode abrir uma fenda entre o esposo e a esposa.

Você e eu sabemos que não existe realmente uma "grama mais verde". Todo campo tem seus carrapatos, suas pragas e seus espinhos. Mas então, como você poderá deixar sua grama mais verde? Só em regá-la já conseguirá! Irrigue e cultive o que você tem com seu cônjuge, em vez de ficar olhando saudosamente para relacionamentos do passado.

DEIXANDO OS "PROBLEMAS DO PASSADO"

Ninguém pode de fato apegar-se ao casamento sem antes deixar os problemas do passado. Algumas pessoas, só depois que se casam, descobrem que não conseguem prosseguir no casamento por causa de erros que cometeram ou abusos que sofreram em relacionamentos antigos.

Quando essa bagagem cheia de problemas do passado é colocada no meio da sala — seja na suíte de lua de mel ou no banheiro de casa — tudo fica bloqueado. Os problemas do passado afetam o diálogo entre o marido e a esposa, sua vida sexual e sua confiança.

Com vinte e oito anos, Rose ainda carregava a culpa dos tempos de escola, no Ensino Médio, quando sua promiscuidade a levou a três abortos. Quando se casou com John, achou que já havia superado seu passado. Mas na noite de casamento, quando seu marido a acariciou, tudo em que ela pensava era sua história sombria. Ela se endureceu e esfriou.

Se quisermos que nosso casamento reflita-se bem em Deus, é essencial que deixemos nossos erros do passado exatamente no lugar a que pertencem: no passado! Precisamos deixar ao pé da cruz as coisas que fizemos e as coisas que fizeram a nós. Precisamos seguir em frente.

Você não sabe o quanto é difícil para mim, você pode pensar. *Eu cometi um erro tão horrível que não posso me perdoar. Não posso simplesmente esquecê-lo e deixá-lo no passado!*

Você gostaria de ter a chave para se livrar desses pesos cheios de lixo do passado? Caso queira, a encontrará nos princípios da confissão e do arrependimento. Quando confessamos nosso pecado a Deus e não nos inclinamos mais a cometê-lo, Ele deseja e é mais do que capaz de nos perdoar e nos limpar de *todo* o lixo do nosso passado (veja 1 Jo 1.9).

Sabe o que essa palavra "todo" quer dizer? Quer dizer *tudo*! Todas as coisas! Deus não junta os pecados e escolhe quais Ele perdoará e quais guardará contra nós. Ele literalmente nos purifica por dentro e por fora, declarando que cada pecado que cometemos está perdoado e divinamente esquecido. Você sabe o que Deus então faz com nosso pecado? A Bíblia diz que Ele os subjuga e lança nas profundezas do mar (Mq 7.19).

Então, deixe seus pecados — aqueles que cometeu na escola, os que você cometeu na faculdade e aqueles que cometeu desde então — ao pé da cruz. E então *deixe-os* lá para que Deus os apanhe e os enterre no fundo do mar.

DEIXANDO OS "LUGARES DO PASSADO"

Estou plenamente certo de que minha esposa e eu somos algo raro. Conhecemo-nos de perto durante toda a nossa vida. Na verdade, nos encontramos pela primeira vez na enfermaria da igreja. Não, não estávamos medicando as crianças. Nós *éramos* as crianças!

Gosto de dizer às pessoas que Jo Beth estava trabalhando na enfermaria e eu estava no leito, mas não era verdade. Crescemos na mesma cidadezinha, frequentávamos a mesma igreja e estudamos nas mesmas escolas. Por isso, quando falo sobre algum fato especial ou a respeito de amigos da escola, ela sabe exatamente do que estou falando — ela estava lá, e vice-versa.

Se você e seu cônjuge compartilham esse tipo de história, tudo bem falar de lugares do passado. Mas eu diria que a maioria das pessoas encontra seu marido ou esposa bem depois dos anos de fralda! A maioria de vocês "teve uma vida" antes de conhecer seu cônjuge. Desse modo, quando você conversa sobre lugares especiais ou acontecimentos dos seus dias de solteiro, especialmente se seu cônjuge não estava presente, você corre um sério risco de fazer com que ele ou ela se sinta à parte ou excluído.

Quando falhamos em deixar de lado coisas que nos impedem de nos apegarmos mais ao nosso cônjuge, podemos ter por resultado a sua alienação. Que tipo de coisas? Dê uma olhada:

- uma dependência emocional ou material dos pais pouco saudável
- as pessoas de seus relacionamentos do passado
- os problemas trazidos à tona por comportamentos antigos
- os lugares onde você teve experiências diferentes das de seu cônjuge

Todos esses "cordões" devem ser cortados se quisermos manter firme a estrutura do nosso casamento.

APEGANDO-SE À ALIANÇA

Firmando uma Aliança um com o outro e com Deus

Deixar é importante. Mas mesmo sendo tão importante, deixar é apenas o primeiro passo. O casamento é uma dança de dois passos, e apegar-se é o segundo passo. Tendo isso em mente, vamos nos ater a certas coisas importantes as quais devemos "nos apegar".

Primeiro, nos apegamos à aliança do casamento. Quando um casal está no altar diante de mim, eu sempre digo algo como: "Você promete amar e cuidar, honrar e suportar na doença e na saúde, na pobreza e na riqueza, no mal que pode tornar seus dias escuros e no bem que pode tornar seus caminhos claros? Você promete, com a ajuda de Deus?"

Eu ainda não ministrei um casamento em que a noiva ou o noivo dissesse "não". Alguns levam um tempinho para falar, mas sempre respondem "sim!" E acreditam verdadeiramente, de todo o coração, que manterão esses votos.

O que acontece no momento do "sim?" Na troca dos votos, o homem e a mulher selam uma aliança um com o outro e com Deus. É como se eles se sentassem à mesa com Deus para convencê-Lo e também às suas famílias e amigos de que desejam viver juntos por toda a vida. E Jesus abraça o casal e diz "sim". Deus Pai testemunha o momento e uma aliança sagrada é estabelecida. O Senhor Jesus pronuncia as bênçãos: "Portanto, o que Deus ajuntou não separe o homem" (Mt 19.6).

Você se lembra da nossa ilustração do triângulo sobre a aliança do casamento? Deus é o ápice e o marido e a esposa os respectivos vértices da base. Conforme o marido e a esposa sobem para perto de Deus, sobem na verdade um para perto do outro. O resultado da aliança de tal relacionamento é um casamento dinâmico e realizado.

Muitos optam por se casar em uma cerimônia civil diante de um juiz de paz. Nesse caso, sempre penso no ancião que disse: "Sim, eu me casei na "justiça de paz", e o dia do meu casamento foi o último em que vi qualquer deles — tanto a justiça quanto a paz!"

Contrastando a Aliança e o Contrato

Quer você tenha se casado em uma igreja cristã, quer diante de um juiz de paz, ou até numa capela de casamento-relâmpago em Las Vegas, mesmo assim você é parte de um acordo de aliança instituído por Deus no qual Ele nos diz para "deixarmos e nos apegarmos".

O casamento é uma aliança, não um contrato. Em um mundo moral e socialmente caótico, onde metade dos casamentos acabam em divórcio, os acordos pré-nupciais — uma combinação contratual — estão crescentemente em voga. Arlene Dubin, uma advogada de divórcios de Nova

York, diz que cerca de 20% dos casais que se preparam para o casamento procuram fazer acordos pré-nupciais.[2]

Analise os fortes contrastes entre uma aliança conjugal e um contrato:

Aliança	**Contrato**
Baseada no amor	Baseado na lei
Motivada pelo comprometimento	Motivado pela compulsão
Supõe que o relacionamento seja "até que a morte os separe"	Prepara-se para o fim do casamento
"O que é meu é seu"	Protege o que é "meu"
"Seus interesses são meus interesses"	Protege "meus" interesses
Prepara uma vida em comum	Prepara uma vida à parte

Os casais que buscam acordos contratuais parecem estar na expectativa de que alguém ou alguma coisa separe aquilo que Deus uniu. Parecem ver esse tipo de acordo como um meio mais fácil de abrir a "porta de trás" para uma saída repentina e limpa.

Se você optar por viver seu casamento somente como um contrato legal, pode ser que vocês permaneçam juntos, pode até ser que se amem profundamente, mas tudo que você terá é você, seu cônjuge e o Estado! Sentirá falta do relacionamento dinâmico que só acontece com uma intimidade e uma ligação espirituais de uma aliança divina. A fórmula de Deus, e só a fórmula dEle, dá significado, criatividade e ardor a um casamento.

Apegue-se à realidade sagrada de uma aliança conjugal! E entenda que o que Deus une ninguém nem coisa alguma pode separar.

APEGUE-SE AOS PRINCÍPIOS DE DEUS

Aplique sua "Verdadeira" Verdade

A Bíblia é o nosso manual para todas as fases da vida, incluindo o casamento. Ela nos dá instruções sobre todos os aspectos importantes do casamento — com quem se casar, como manter e fazer crescer um casamento forte e saudável, como ajudar e curar um casamento ferido.

O único princípio bíblico que exploramos neste capítulo (deixar e apegar-se) já é o bastante para tirar um casal de qualquer tipo de crise. Mas a Bíblia contém outros ensinos que mostram como lidar com os conflitos, desde as menores até as maiores crises. Mesmo que o casamento se fragmente, podemos entregar as peças a Deus, aplicar os princípios mostrados nas Escrituras e assistir-lhe fazer um trabalho sobrenatural de restauração.

Cada um dos dez mandamentos do casamento neste livro é proveniente dos *princípios de Deus*, sua "verdadeira verdade". A chave para usar os princípios de Deus em seu casamento é se certificar de que você não apenas os leu, mas que os aplicou em cada aspecto do seu casamento.

Tome Cuidado com a "Canção de Amores"

Infelizmente, muitos de nós somos como as pessoas sobre as quais Deus advertiu Ezequiel. O profeta ensinou às pessoas do seu tempo os princípios de Deus para a vida. As pessoas da multidão voltaram-se umas para as outras e disseram: "Vamos ouvir a mensagem que vem do Senhor!" Mas Deus disse a Ezequiel o que na verdade estava acontecendo:

> E eles vêm a ti, como o povo costumava vir, e se assentam diante de ti como meu povo, e ouvem as tuas palavras, mas não as põem por obra; pois lisonjeiam com a sua boca, mas o seu coração segue a sua avareza. E eis que tu és para eles como *uma* canção de amores, canção de quem tem voz suave e que bem tange; porque ouvem as tuas palavras, mas não as põem por obra. Mas, quando vier isto (eis que está para vir), então, saberão que houve no meio deles um profeta. (Ez 33.31-33)

Deus nos dá hoje o mesmo alerta. Apesar de algumas pessoas elogiarem o pastor por seu sermão e até mesmo convidarem outras pessoas a irem à igreja com elas, para muitos é como se ouvissem uma "canção de amores".

Elas se sentem entretidas, mas não põem no âmago de suas vidas e em prática os princípios que ouvem.

Não cometa esse erro em seu casamento. Ouça os princípios de Deus, certifique-se de que os compreendeu, ponha-os em prática — e tenha o maravilhoso relacionamento que Deus quer que você viva.

APEGUE-SE AO SEU CÔNJUGE

Minha ilustração anterior da "supercola" pode ter levado alguns leitores a pensar que se apegar significa que um marido e uma esposa devem tornar-se inseparáveis. Mas não é isso que significa se apegar. Os maridos e as esposas não têm que estar fisicamente juntos o tempo todo. Aliás, como isso poderia ser possível? Mas precisam estar juntos em seus corações.

Isso lhe parece antiquado? Talvez seja. Mesmo assim, posso dizer que Jo Beth está sempre em meu coração e que estou sempre no dela. O que for importante para ela é importante para mim. O que me perturba, perturba-a também. Quando ela é insultada, eu sou insultado. Quando eu sou ferido, ela também é. Nós fortalecemos um ao outro, encorajamos um ao outro, cuidamos um do outro. Em outras palavras, apegamo-nos, tanto nos bons quanto nos maus momentos. Somos parceiros de aliança. E assim como Eva completava Adão, Jo Beth me completa.

O que acontece quando deixamos os nossos pais e as pessoas, os problemas e os lugares do nosso passado e nos apegamos à sagrada aliança do casamento, aos princípios de Deus e ao nosso cônjuge? A resposta é *união* — somos uma carne!

DOIS TORNAM-SE UM

Anos atrás, quando vivi nas montanhas da Carolina do Norte, alguns homens da minha igreja me convenceram a participar de uma excursão de caçada aos ursos. Depois de escalar o topo de um penhasco, percebi a situação em que estava e comecei a orar para que *nenhum* urso aparecesse!

Ah! Mas a vista de onde eu estava fazia valer a pena. Eu olhei para baixo e vi duas correntes de água se unindo para formar um lindo rio. Uma das correntes trazia alguns escombros da montanha por causa do derretimento da neve. A outra parecia de algum modo cheia de sedimentos. Então me sentei e assisti a esses pequenos riachos que corriam silenciosamente... Até que se encontravam. No ponto de convergência, essas duas correntes singelas tornavam-se uma porção agitada de água branca!

Não mais pacificamente, os riachos sussurravam, mas bem alto, como ruidosas cachoeiras. Cada corrente trazia seus escombros que haviam descido com elas de lá do alto da montanha. Quando olhei mais ao longe para essa corrente de água, o canal único em que se tornaram as duas outras correntes, eu o via tornar-se claro, limpo e calmo. Parecia percorrer seu curso em harmonia.

Assim é também no casamento. Quando duas pessoas tornam-se um, pode haver uma convergência explosiva enquanto se ajustam ao novo relacionamento. Mas conforme seguem "correnteza abaixo", algo maravilhoso acontece: a unidade.

Se desejamos ter essa unidade em nossos casamentos, precisamos fazer tudo que pudermos para nos apegarmos ao nosso cônjuge física, emocional e espiritualmente. Somos sábios se o fizermos exatamente como Deus planejou quando disse: "Portanto deixará o homem o seu pai e a sua mãe, e apegar-se-á à sua mulher, e serão ambos uma carne". É assim que Deus vê a verdadeira união dentro do casamento. E conforme seguimos seus princípios de deixar e apegar-se, cumprimos a promessa de unidade.

Sempre dá certo.

REFLETINDO SOBRE SEU RELACIONAMENTO

Caso você seja casado:

1. De quem você mais dependia antes de se casar?
2. Como o casamento afetou esse relacionamento anterior?
3. Descreva onde há uma maior ligação entre você e seu cônjuge.
4. Que coisas específicas você precisa "deixar" para intensificar a ligação entre vocês?

Caso você tenha planos de se casar ou já esteja se preparando para o casamento:

1. De quem você mais depende agora?
2. Em que esse relacionamento vai mudar quando você estiver casado?
3. Descreva várias áreas de sua vida nas quais você e a pessoa que ama cresceram juntos durante o namoro.
4. Que coisas você precisa deixar para trás enquanto se prepara para o casamento?

UMA PALAVRA PESSOAL

Comunicar-te-ás Continuamente

Homens, escrevi este capítulo tendo vocês especialmente em mente. As mulheres (geralmente) são "PhDs" em comunicação, enquanto nós, homens, tendemos a ser (ou, pelo menos, fingimos ser) o tipo forte e quieto. Diga a sua esposa o que está acontecendo em sua vida. Este mandamento é em grande parte responsável por fazer com que seu cônjuge seja seu amigo mais íntimo. E o ponto fundamental é: aprenda a se comunicar!

— E.Y.

Mandamento 3

Comunicar-te-ás Continuamente

Apenas alguns dias depois do início de sua lua de mel, Rob e Anne tiveram uma profunda discordância. Anne se fechou e recusou todas as tentativas de Rob discutir o problema. Toda vez que ele tentava fazer com que ela se abrisse, ela respondia grosseiramente: "Está tudo ótimo".

Finalmente, Rob disse calmamente à sua recente esposa que seu casamento simplesmente não daria certo daquele jeito. Depois de algumas discussões, Anne e Rob concordaram em adotar uma regra firme e rigorosa: eles nunca tratariam um ao outro com silêncio. Fizeram um acordo de que, apesar de virem momentos em que teriam que adiar o debate a fim de acalmar os ânimos, sob nenhuma circunstância, usariam o silêncio como arma. A partir de então fizeram da comunicação aberta uma prioridade.

Rob e Anne lembravam-se fielmente desse compromisso e, por fim, já vivem um casamento feliz de mais de três décadas. Ao longo dos anos, Anne disse a muitos amigos o quanto é agradecida a Rob por ele ter, bem no começo de sua vida conjugal, tomado a iniciativa de insistir em que tivessem uma comunicação honesta e aberta.

O FATOR CRÍTICO

As pessoas fornecem todo tipo de razões por que elas acreditam que um casamento dará certo:

- "Eles têm muita coisa em comum".
- "Ambos são de famílias muito boas".
- "Ambos são cristãos bastante sólidos".

Todas essas razões são ótimas e certamente podem contribuir para o sucesso de um casal. Mas acredito fortemente que há um fator, acima de todos os outros, que pode fazer um casamento dar certo ou então destruí-lo. Se o casal fizer deste fator uma prioridade, provavelmente viverá um relacionamento íntimo e significativo por toda a vida. Se o negligenciarem, há grandes chances de que acabem em uma união miserável — isso se o casamento chegar a sobreviver. Qual é o fator primordial? *Comunicação.*

Converse com o maior número de casais felizes que você puder, e encontrará um ponto em comum entre eles: uma boa comunicação. Por outro lado, se você examinar um grupo qualquer de homens e mulheres divorciados, provavelmente descobrirá que um rompimento na comunicação esteve no âmago da maioria das separações. Certamente ouvirá falar em infidelidade, em diferenças irreconciliáveis e num monte de outras razões. Mas na maioria dos casos, com uma rápida sondagem, você descobrirá que todas essas razões provêm de um problema central: uma comunicação pobre.

Se você pudesse se sentar ao meu lado enquanto ouço casais que sofreram períodos prolongados de infelicidade no casamento ou que se divorciaram, você ouviria estas ou outras perguntas similares:

"Quando paramos de nos comunicar?"

"Por que não conversamos mais do jeito que costumávamos fazer antes?"

"Onde foi que nós erramos?"

Muitos casais inconscientemente acreditam na ideia de que quando dizem "sim", quando vivem sob o mesmo teto, comem à mesma mesa e dormem na mesma cama, acabam por crescer automaticamente em intimidade um com o outro. Contudo, o fato é que se essas duas pessoas não estão se comunicando — se estão meramente ocupando um espaço em comum —, não estão crescendo juntas, mas separadas. Uma boa comunicação entre o marido e a esposa requer tempo e empenho. E a importância disso é tão crítica que eu a postulei como terceiro mandamento do casamento: *Comunicar-te-ás continuamente.*

ENTENDENDO A COMUNICAÇÃO CONJUGAL

Pelo fato de muitos de nós não entendermos os fundamentos da boa comunicação, não é de se espantar que nos sintamos incapazes de estabelecê-la e mantê-la em nossas casas. A maioria de nós provavelmente definiria comunicação como "a transferência de informações através do uso de palavras". Em outras palavras, se duas pessoas estão falando, estão se comunicando.

Boa comunicação, é claro, requer o uso de palavras. Mas vai muito além disso.

Fatores não-verbais tais como o tom de voz, expressões faciais e linguagem corporal podem afetar a comunicação muito mais do que a escolha das palavras. Suponha que eu tenha que dizer, em um tom de voz sincero, pronunciado com uma postura amigável, que "você é a pessoa mais legal que conheci nos últimos tempos". Você certamente interpretaria tanto minhas palavras quanto a honestidade em minha opinião. Mas e se eu tivesse que fazer essa mesma afirmação, porém trocando meu tom de voz e minha postura, injetando um pouco de ironia? Neste caso, eu transmitiria uma mensagem completamente diferente. Na verdade, estaria dizendo que "há muito tempo não conheço pessoas legais, e você é a 'menos legal' de todas que conheci!"

Já que a comunicação vai muito além da transmissão verbal de informação, estabelecer um diálogo eficiente pode ser uma tarefa complexa e desafiadora. Então vamos primeiro dar uma olhada no que está por trás da boa comunicação. Vamos considerar alguns princípios de uma comunicação eficaz e significativa.

OBSTÁCULOS À BOA COMUNICAÇÃO

Vamos começar do princípio... De volta ao jardim do Éden. As coisas nunca mais foram as mesmas depois que Adão e Eva precipitadamente mergulharam no pecado.

Para incitar a "Queda", a serpente usou-se de comunicação negativa, isto é, a decepção (Gn 3.1, 4,5). Ela fez uma pergunta retórica — "É assim que Deus disse: Não comereis de toda árvore do jardim?" — a fim de enganar Eva, ela distorceu as palavras de Deus para insinuar que Deus estava privando Eva de todos os frutos; e mentiu acerca das consequências e sobre os motivos de Deus. Depois que Eva foi persuadida a comer o fruto proibido, encorajou Adão a fazer o mesmo. Meias-verdades, manipulação e desonestidade descarada tornaram-se, desde então, ferramentas de comunicação entre homens e mulheres!

Para melhorar a comunicação, o casal precisa estar atento aos obstáculos que a bloqueiam. Muitas atividades ou compromissos podem consumir o tempo e a energia de um casal e mantê-lo total e profundamente sem comunicação. Até mesmo as coisas mais dignas e positivas podem sugar tempo e energia preciosos.

Compromissos

Uma recente pesquisa de opinião pública indicou que 61% dos norte-americanos trocariam dinheiro por mais tempo.[1] Tragicamente, muitos maridos e esposas trocaram seus casamentos por seus compromissos.

Certamente vivemos em um mundo ocupado e que parece nunca diminuir seu ritmo. E se há algo que não seja assim, acabará se tornando. Trabalho, reuniões, recados, recreação, filhos, famílias extensas — tudo isso e mais ainda contribui para o vácuo da comunicação entre maridos e esposas.

Muitos casamentos parecem felizes e saudáveis, simplesmente porque o marido e a esposa são bastante ativos. Mas o casal pode rapidamente ficar sem tempo, energia e com as emoções desgastadas — e neste ponto qualquer coisa pode parecer impossível, inclusive a comunicação básica.

A comunicação saudável não pode ocorrer e aflorar em um casamento no qual o marido e a esposa deixam de separar um tempo longe de todos os seus compromissos para se dedicarem um ao outro. E ainda que consigam estabelecer alguma comunicação, não conseguirão estabelecer seu casamento.

Filhos

Ao mesmo tempo em que os filhos certamente são o resultado mais importante da intimidade no casamento, eles podem se tornar o maior obstáculo para que se consiga mantê-la! Os filhos trazem grandes bênçãos ao casamento, porém enormes responsabilidades, talvez a maior responsabilidade que Deus confia a um casal. Os pais são a fonte primária de apoio a esses pequeninos seres humanos durante duas maravilhosas décadas e possivelmente por tempo ainda maior. Sem sombra de dúvida, os filhos dificultam a separação do tempo para a intimidade e para a comunicação do casal.

Não há criatura mais exigente no planeta Terra do que um bebê. Pergunte só a qualquer recém-papai ou mamãe. Meu filho Cliff e sua esposa Danielle acabaram de ter uma segunda menina. E vou lhe dizer, cuidar da Susannah dá um trabalho de dois expedientes! Eles têm que alimentá-la, trocar as fraldas, dar banho, dar carinho — frequentemente no meio da noite. E no meio-tempo têm que tomar conta de sua filha de dois anos, Rachel. Mesmo crescendo e amadurecendo, Susannah irá requerer uma atenção extraordinariamente grande; apenas o *tipo* de atenção é que mudará, não a quantidade.

Como os bebês, as crianças precisam de cuidado constante; tanto em seus primeiros passos quanto na idade pré-escolar, elas precisam de ajuda para desenvolver a habilidade de falar, ler e interagir socialmente. Durante os anos de escola primária, as crianças precisam de apoio emocional e educacional. E quando começam a chegar os anos da adolescência, os pais precisam dedicar-lhes horas incalculáveis e variedades incontáveis de incentivos e advertências.

Bons pais sabem que quando um bebê faminto chora, não se pode dizer: "Agora não, estou dormindo!" Quando seu filho, que está na quarta série, pede ajuda para resolver um problema de matemática, bons pais nunca o empurrariam para o lado e diriam: "Se vira!" E os pais nunca deveriam perder a oportunidade de conversar com seus filhos adolescentes quando eles desejarem dialogar sobre conflitos pessoais na escola ou no namoro. Quando uma criança realmente precisa de atenção — e frequentemente necessita —, um bom pai e uma boa mãe sempre dão essa atenção de alguma forma possível.

Tudo isso requer tempo longe de seu marido ou esposa. Na verdade, a atenção que seus filhos requerem pode levá-los a se tornar o centro de sua vida — em detrimento da intimidade e da comunicação conjugal.

Finalmente, quando o último filho deixa a casa dos pais — normalmente — a "síndrome do ninho vazio" tem vez. O marido e a esposa são deixados com seja lá qual for o relacionamento que construíram entre si enquanto os filhos moravam em casa. Isso eu já vi inúmeras e repetidas vezes — casais que não têm assunto nem o que compartilhar um com o outro. Se não for feito um grande trabalho, esse tipo de casamento pode enfrentar sérios problemas.

Televisão

Eu toco numa ferida toda vez que falo deste terceiro obstáculo à comunicação. É impressionante, ainda que alarmante, o número de pessoas que parecem não funcionar sem a televisão.

Stephen Seplow e Jonathan Storm, escrevendo ao *The Philadelphia Inquirer*, noticiaram que "cerca de 40% de todo o tempo que não é reservado para se trabalhar, comer, dormir ou fazer tarefas domésticas" são gastos por muitos norte-americanos assistindo-se televisão. Eles observaram que, no último ano de idade da expectativa de vida dos norte-americanos, cada um deles terá gastado *uma década* de vida em frente à televisão![2] Quer queira quer não, desde sua entrada em cena há cinquenta anos, a televisão ocupou um lugar central em nossa cultura.

Mas não se precipite — eu também assisto à televisão. E consigo pensar em muitos pontos positivos nisso. A televisão nos fornece uma "janela" para o mundo e serve de ferramenta educacional. E não há nada de errado em se entreter um pouco de vez em quando. Mas quando ela se torna um escape mental entorpecente ou interfere em nossos relacionamentos, torna-se um vício destrutivo.

Quem pode saber quantas pessoas se tornaram viciadas em televisão? Centenas de milhares? Milhões? Será que você é uma delas? Para descobrir, faça o seguinte experimento: desligue seu televisor por uma semana. Se você está acostumado a chegar a casa, se jogar numa poltrona reclinada com uma bandeja de comida no colo e a agarrar-se no controle remoto para conseguir um momento de escape "surfando pelos canais", então eu predigo que você vai enfrentar momentos difíceis ao desligar a televisão. Mas faça-o mesmo assim. E então, dê uma volta com sua esposa ou marido e fale sobre tudo e qualquer coisa.

Medo dos Conflitos

Se o marido e a esposa nunca têm algum tipo de conflito, provavelmente não estão se comunicando. O conflito faz parte de qualquer casamento normal. Enquanto ambas as partes quiserem e tiverem a capacidade de se comunicar, poderão solucionar os conflitos e até mesmo crescer e aprender com eles. Mas algumas pessoas permitem que seu medo dos conflitos as impeça de obter uma comunicação efetiva com qualquer um, incluindo seu cônjuge.

Imagine um homem que cresceu num lar onde seus pais ajustavam os conflitos ou discórdias pelo volume da voz: quem gritasse mais alto ou quebrasse o maior número de pratos vencia. Esse homem poderia sentir medo de se comunicar, pois associaria discordâncias com barulho ou irrupções. Ou talvez uma mulher que tenha crescido num lar em que sua mãe era constantemente depreciada por insultos ou sarcasmo. Em seu próprio casamento essa mulher poderia hesitar em expressar seus pensamentos e sentimentos por medo de ser ferida ou humilhada.

Compromissos, filhos, televisão e medo dos conflitos são meramente quatro dos obstáculos mais comuns que casais que desejam estabelecer uma comunicação mais efetiva em seus casamentos encaram. Mas se desejam construir lares sólidos e felizes, os maridos e as esposas devem, no entanto, encontrar maneiras de derrubar esses obstáculos. Casais bem-sucedidos removem os obstáculos e trabalham para construir, nível por nível, uma comunicação efetiva.

NÍVEIS DE COMUNICAÇÃO

O Dr. David Mace, pioneiro na área de valorização do casamento, escreveu diversos livros sobre como melhorar o casamento e a comunicação conjugal. Em 1973 ele e sua esposa, Vera, fundaram a *Association for Couples in Marriage Enrichment - ACME* (Associação para Casais em Processo de Valorização do Casamento), com o lema "Trabalhar por casamentos melhores, a começar pelo nosso".

Os Maces salientavam o comprometimento com o crescimento, a habilidade para se fazer um uso criativo dos conflitos e um sistema de comunicação funcional e efetivo, como as chaves para a união feliz. A ACME insistia em afirmar que "os casais precisam ter um sistema geral de comum acordo para conversarem um com o outro e para se ouvirem. Já que toda comunicação é aprendida, a que não é útil pode ser desaprendida e novas técnicas podem substituir aquelas que atrapalham o relacionamento".[3]

Durante todo o seu trabalho, Mace enfatizou a necessidade de uma "comunicação profunda" entre o marido e a esposa. Ele e outros conselheiros conjugais observaram a existência de vários níveis nos quais os cônjuges tentam se comunicar um com o outro.[4] Infelizmente, a maioria se comunica no nível um, o mais superficial de todos — no qual há simples troca de clichês. Examinemos cada um dos níveis de comunicação.

1. Clichês

"Tudo bem?"

"Como você está hoje?"

Eu descobri que quando alguém me cumprimenta com algum desses clichês, não está querendo realmente saber como as coisas vão. Uma vez, parei a pessoa e comecei a responder com detalhes a pergunta. Você precisava ver o choque no rosto dele, conforme ia se afastando, dando desculpas de que estava atrasado para um encontro. Bem, não recomendo a você que faça o mesmo! Isso poderia levá-lo a uma situação constrangedora. Mas, por causa da explicação, eu precisava ver se o que havia pensado realmente aconteceria. E aconteceu.

Quando alguém pergunta "Como vai?", não quer saber especificamente sobre suas condições físicas, emocionais ou espirituais. Mas essa pessoa está simplesmente tentando ser gentil, cumprimentando-o de uma forma socialmente aceita.

Clichês e conversa casual servem para reconhecer a presença de alguém; têm pouca essência de significado. Nós os utilizamos em contatos casuais, com colegas de trabalho e com novos conhecidos.

Eles têm um significado um pouco maior do que um simples aperto de mãos.

Até mesmo os casamentos mais arruinados seguem este nível mais elementar de comunicação, assim como nossas amizades mais casuais.

2. Apenas os Fatos

Com um nível acima dos clichês, vem a entrega de informação factual. Neste nível, comunicamos os fatos sem qualquer tipo de interpretação, opinião ou resposta emocional.

"Está chovendo hoje."

"A reunião está marcada para as 13 horas."

"Está na hora de trocar o óleo do carro."

Todo relacionamento saudável precisa da troca de fatos. A comunicação dos fatos ajuda o casal a planejar desde o que vestirá ou fazer num dia em particular, até como cuidarão um do outro e de seus filhos.

Embora maridos e esposas certamente precisem aprender como comunicar os fatos de forma precisa, dificilmente poderão sustentar e fazer crescer um casamento saudável apenas com isso. Qualquer tipo de relacionamento pessoal saudável requer que ambas as partes se comuniquem em um nível ainda mais profundo.

3. Opiniões e Convicções

Quando comunicamos uma opinião, começamos a dar ao ouvinte uma ideia remota do que nos incomoda. Em outras palavras, a pessoa descobre não somente o que pensamos, mas o porquê. Nossas afirmações de opinião ou convicção refletem nossas crenças, lealdades e compromissos pessoais. Ao expor uma opinião ou convicção, afirmamos um fato e o que pensamos sobre ele. Na maioria das vezes, expressamos opiniões ou convicções começando com afirmações tais quais:

"Eu acredito que..."

"Eu acho que..."

"Parece que..."

Se você andou conversando com seu cônjuge a respeito de uma mudança drástica no escritório, os fatos podem ter sido contados mais ou menos assim: "Eles demitiram o Bill e aí promoveram o Francis para ficar no lugar dele". Mas você também pode ter expressado sua opinião, dizendo: "Eu acho que essa mudança vai acelerar as coisas no escritório, porque nós já estamos acostumados a trabalhar com o Francis", ou, "Eles não podiam ter feito isso com o Bill".

É neste nível de comunicação que os conflitos frequentemente surgem. Quando os casais começam a compartilhar opiniões e convicções, algumas discordâncias podem ser desenvolvidas, o que pode levar à argumentação. E isso não é necessariamente uma coisa ruim ou pouco saudável, desde que ambas as partes respeitem-se mutuamente e continuem querendo lidar com suas discordâncias em amor.

4. Sentimentos

"Como você está se sentindo?"

Essa pergunta faz com que a maioria dos homens comece a suar frio! Parece que nós, homens, normalmente temos dificuldades neste nível. Somos ótimos para comunicar fatos. Não temos grandes dificuldades para expressar nossas opiniões. Mas a maioria de nós tem sérios problemas para compartilhar seus sentimentos.

Conhecemos os fatos, *acreditamos* em nossas opiniões, mas *experimentamos* nossos sentimentos — e alguns de nós perdemos contato com essa experiência. Imagine que você estivesse conversando com sua esposa a respeito daquela "mudança drástica no escritório". Seus sentimentos a respeito da substituição do Bill poderiam ser alívio, alegria, raiva ou decepção. Você poderia até mesmo se sentir traído. Tudo isso depende de suas opiniões e sentimentos pessoais a respeito do Bill ou da situação das condições de trabalho antes das mudanças. Você seria capaz de descrever seus sentimentos à sua esposa?

No nível dos sentimentos, entramos em um tipo de "zona perigosa" de nossos relacionamentos. E esta é a razão: comunicar sentimentos faz com que nos tornemos vulneráveis. Deixamos nosso cônjuge saber que estamos felizes, ansiosos, desapontados ou com raiva — e algumas vezes *dele próprio*! Descobrir o que realmente está se passando no coração de um marido ou esposa apavora muitas pessoas.

Assim, para crescer em nossos casamentos, precisamos aprimorar nossa comunicação. E para aprimorar nossa comunicação, precisamos aprender a expressar nossos sentimentos — livremente, mas com sabedoria.

5. Comunicando Necessidades

Alcançamos o nível mais profundo de comunicação quando comunicamos nossas necessidades. Qualquer conselheiro conjugal, cristão ou secular, insistirá em que a comunicação de necessidades ocupa um lugar crucial na psique humana. Os casais, em especial, precisam aprender a se comunicar neste nível.

Felizmente, comunicamos nossas necessidades quase que instintivamente, começando quando crianças. Os bebês choram quando têm fome, precisam de uma troca de fraldas ou quando simplesmente querem ficar no colo. Conforme crescemos, aprendemos a verbalizar nossas necessidades de forma mais articulada: "Mãe, estou com fome!" Quando chegamos à vida adulta, nossas necessidades tornam-se mais complexas, assim como nossa maneira de comunicar tais necessidades.

No casamento, tanto o marido quanto a esposa devem aprender a comunicar suas necessidades diplomaticamente, porém de forma direta. É aí que o importantíssimo "toma-lá-dá-cá" deve ocorrer. Tanto o marido quanto a esposa precisam aprender a comunicar sua necessidade de carinho, de ficar em silêncio, de ficar "sozinho", de conversar, de ser encorajado, e de todas as outras necessidades que Deus deseja prover através do casamento. É dentro da estrutura deste nível de comunicação que um casal se liga, se mistura e se torna um.

NO CASAMENTO COMUNICA-SE COM UM ESTRANGEIRO

O best-seller *Homens são de Marte, Mulheres são de Vênus* (Editora Rocco), de John Gray, impactou o mundo com a observação pouco inovadora de que homens e mulheres pensam e reagem diferentemente às mesmas situações.

Imagine só! Os homens pensam diferente das mulheres. Incomoda alguns segmentos de nossa população que Deus tenha feito homens e mulheres de forma diferente, mas você não precisa ser casado há muito tempo para perceber que existem enormes diferenças entre a maneira de pensar e de se comunicar do homem e da mulher. Eu não diria que o homem e a mulher tenham vindo de planetas diferentes, mas reconheço que os sexos parecem ao menos proceder de nações estrangeiras.

Assim como podem surgir problemas quando pessoas de diferentes países tentam se comunicar, também podem surgir problemas quando homens e mulheres tentam se comunicar — *caso* não se esforcem o bastante para que realmente se entendam.

A palavra *estrangeiro* sugere alguém que fale diferente, talvez pense diferente e tenha uma bagagem cultural diferente da minha. Um homem da Malásia é diferente de mim; isso não o torna totalmente errado nem faz com que eu esteja totalmente certo. Somos apenas diferentes.

É assim que acontece entre minha esposa e eu. Se eu olhasse para Jo Beth de uma perspectiva totalmente egoísta, concluiria que ela foi feita de forma totalmente errada. Ela não apenas tem a aparência completamente diferente da minha, como pensa, argumenta e se comunica de um jeito completamente estranho. Mas depois de mais de quatro décadas de casamento, posso me alegrar com minhas diferenças de Jo Beth. Agradeço a Deus porque equilibramos um ao outro. Ela é forte onde sou fraco, e eu sou forte onde ela é fraca. Nem sempre foi fácil para nós nos comunicarmos efetivamente com o "estrangeiro" com quem nos casamos, mas sempre valeu a pena o esforço.

Então, como você se comunica com um estrangeiro? Aqui estão dois passos simples para ajudá-lo a melhor se comunicar com o "estrangeiro" com quem você se casou.

Falando — e Ouvindo — de Forma Direta

O primeiro passo pode parecer óbvio, mas muitos casais têm dificuldade com isso. Diga o que você quer dizer! Só uma pessoa pode controlar a maneira como você se comunica, e essa pessoa é você. Muitos casais têm dificuldade de se comunicar efetivamente porque evitam ir direto ao ponto. Eles não dizem o que realmente querem dizer nem o que necessitam dizer.

Muitas pessoas acham esse tipo de conversa direta, desconfortável e, até mesmo, apavorante. Elas temem dizer exatamente o que precisam e querem dizer, então, dão apenas a entender (o que frequentemente passa despercebido). Outras vão longe demais com a "conversa direta", expondo suas reclamações com pouca diplomacia ou sensibilidade. Ainda outras tentam as formas mais disfuncionais de comunicação, coisas como surtos de raiva ou o pavoroso "tratamento de silêncio". Mas não há nada melhor do que uma comunicação boa, honesta e aberta.

Anos atrás, Jo Beth e eu estávamos numa rodovia. Ela apontou para uma saída e disse: — Você quer fazer uma parada para beber alguma coisa?

Sem entender bem o que ela estava querendo dizer, respondi:

— Não, eu estou bem. Vamos seguir.

Meia hora depois, ao nos aproximarmos de outra saída, Jo Beth disse explicitamente o que ela havia bloqueado antes:

— Sem dúvida, eu gostaria de parar para beber alguma coisa — anunciou.

— Por que você não me disse antes? — perguntei.

— Eu perguntei a você se queria beber alguma coisa, daí pensei que você também fosse me perguntar.

Na mente de Jo Beth: "Você quer fazer uma parada para beber alguma coisa?" quer dizer: "Eu gostaria de parar para beber alguma coisa". Mas não foi assim que eu ouvi. Na minha mente, minha esposa havia feito uma pergunta franca e eu então respondi francamente: "Não, eu estou bem".

De certo modo, a pergunta de minha esposa refletia uma maneira não egoísta de tentar se comunicar. Ela não tinha intenção de manipular minha resposta. Queria beber alguma coisa, daí lançou sua pergunta, esperando que eu respondesse: "Por quê? Ah, sim, querida, estou com sede. Acho que seria bom parar para tomar um refrigerante".

Desde então, Jo Beth aprendeu que é bem mais eficaz ser direta e ir direto ao ponto comigo, enquanto eu aprendi a ouvir mais atentamente quando ela lança suas "sugestões".

Você quer ou precisa de algo de seu cônjuge? Só depende de você dizer-lhe o que quer. Dar a entender pode funcionar bem nas compras de Natal, mas regularmente a comunicação do dia a dia requer uma abordagem mais direta.

Diga o que você quer dizer, e queira dizer o que você diz — mas faça-o com diplomacia e sensibilidade. Eu sempre fico um pouco desconfiado daqueles que dizem: "Eu sempre digo o que penso. Comigo você nunca precisa ficar adivinhando". Pessoas assim geralmente agem de forma muito direta e acabam sendo cruéis ou até mesmo abusivas. Conheci casais cuja comunicação excessivamente direta devastou seus casamentos.

Ser direto, entretanto, constitui apenas metade de uma "conversa direta". Ouvir atentamente constitui a outra metade. A única maneira de compreendermos toda a situação é concentrando-nos nas palavras tanto quanto procurando por outras pistas, como nuances verbais, expressões faciais e linguagem corporal.

Ouvir não é uma tarefa fácil! Ouvir significa escutar com os ouvidos, prestar atenção com os olhos e compreender a maneira como seu cônjuge age e reage — e não será possível estabelecer uma comunicação direta sem isso.

Aprendendo como seu Cônjuge "Percebe"

O segundo passo é compreender como seu cônjuge "percebe". Como seu cônjuge melhor transmite e recebe mensagens? Quero dizer, decifre se ele ou ela é uma pessoa auditiva, visual ou "sensitiva".

Pessoas *Auditivas* gostam de se comunicar verbalmente. Usam as palavras com cautela e empenham-se grandemente para analisar como os outros as usam. A pessoa auditiva quer e necessita *ouvir* o quanto é amada. Se seu marido ou esposa se encaixa nesta categoria, então você precisa frequentemente *falar* as palavras: "Eu te amo". Nada pode substituir o *som* dessas preciosas palavras.

A pessoa *visual* constrói a imagem mental de uma ideia e se comunica mais eficientemente num nível visual. Este indivíduo pode amar ouvir as palavras "eu te amo", mas deseja *ver* essas palavras demonstradas em atos de amor. Em geral, nós homens somos seres visuais.

A pessoa *sensitiva* percebe perfeitamente mensagens que, mesmo com pouca ou nenhuma comunicação verbal ou visual, são transmitidas. Os indivíduos sensitivos percebem o humor, a conduta e a postura. Essas pessoas sentem o que os outros comunicam de forma não verbal, e provavelmente se comunicam da mesma forma.

Um bom vendedor de automóveis pode demonstrar os benefícios de se conhecer e responder ao tipo de comunicação perceptiva das pessoas. Um vendedor de carros bem-sucedido percebe quase que instintivamente que carros em potencial os compradores desejam quando entram pela porta da loja. Um vendedor como esse pode não pensar conscientemente desse jeito, mas para conseguir de forma efetiva vender seus carros, precisa saber como seu comprador melhor percebe — visual, auditiva ou sensitivamente.

O vendedor pode conduzir o cliente visual até um veículo polido e vistoso. Ele irá rapidamente mostrar-lhe quão brilhoso o carro é e quão ótimo fica o visual do cliente atrás daquele volante. Pode ter certeza de que ele mostrará a estética interior do carro — as cores, o visual do painel, o rico estofado de couro. A pessoa visual pode ser tentada a comprar o carro simplesmente por causa de sua aparência.

O comprador de carros auditivo, por outro lado, ouve o carro — como funciona o motor, como soa a mudança de marcha, que barulho faz quando se batem as portas, quão bem é abafado o som do motor no interior do veículo enquanto este se locomove, quão bem o sistema de entretenimento toca seu CD favorito. Este indivíduo não comprará o carro se este não lhe "soar" bem.

O cliente sensitivo presta mais atenção à "sensação" do automóvel. Os fabricantes de carros dirigem a maior parte de suas propagandas a esses indivíduos; a maioria dos comerciais de televisão hoje em dia apela para a emoção. Eles tentam provocar sensações no possível comprador de carros — e muitos deles alcançam grande sucesso.

O vendedor de carros bem-sucedido aprende a identificar os vários tipos de comunicação que andam por sua loja. Você já reservou algum tempo para identificar que tipo de comunicador é o seu cônjuge — como ele "percebe?" Quando você fizer isso, terá sucesso em seu caminho, estabelecendo assim uma comunicação conjugal mais significativa, profunda e saudável.

ACIONANDO O TURBO DA COMUNICAÇÃO EM SEU CASAMENTO

Outra maneira de aprofundar a comunicação conjugal é certificando-se de que seu cônjuge sabe quão profundamente você o ama e aprecia. Deus criou todos nós para responder a palavras e ações de amor e adoração.

Pare para pensar em quantas vezes na Bíblia Deus fala de seu amor por você e por mim. Somos valiosos para Ele e Ele se agrada de nós. Deus nos assiste com carinho e proclama repetidamente sua dedicação pessoal a nós como seus filhos. Por isso, os pensamentos de Deus me dirigem na direção dEle e fazem com que eu deseje me comunicar com Ele como meu Pai no céu.

De modo semelhante, os maridos e as esposas devem tornar prioritário dizer palavras positivas e de amor um para o outro. Essas palavras, se profundamente sentidas, podem estabelecer a base para um nível de comunicação totalmente novo.

Um homem, que a Bíblia identifica como o rei Lemuel, certa vez escreveu sobre uma esposa fiel: "Levantam-se seus filhos, e chamam-na bem-aventurada; como também seu marido, que a louva, dizendo: Muitas filhas agiram virtuosamente, mas tu a todas és superior" (Pv 31.28,29). Lemuel queria que sua esposa soubesse que, apesar de ele poder ter escolhido uma esposa dentre um enorme conjunto de beldades, mulheres nobres, ele *a* escolheu — e ficou com o melhor da colheita.

Como você responderia se seu marido ou esposa lhe dirigisse essas mesmas palavras? Se você soubesse que seu cônjuge o amou o bastante para exaltá-lo em relação aos outros, não sentiria um enorme desejo de se comunicar aberta e honestamente em seu casamento? Nada pode tornar o solo da comunicação no casamento mais fértil do que encher seu cônjuge com elogios e palavras positivas.

Mas como podemos fazer isso? Como dizer palavras positivas e desenvolver nossos cônjuges e dar a eles o tipo de aprovação que todos nós tão desesperadamente desejamos ter?

O ELOGIO É ALGO MUITO VALIOSO

A maioria de nós sabe como fazer um elogio verbal (mesmo que não o façamos tão frequentemente como deveríamos). Mas não se esqueça das incontáveis formas não verbais de elogiar seu cônjuge!

O elogio não-verbal pode incluir sua comunicação corporal, a maneira como você olha para seu cônjuge, seus gestos. Um sorriso ou um olhar gracioso pode fazer maravilhas em reafirmar ao seu cônjuge seu amor genuíno por ele. E imagine quantas maneiras ademais podem ser criadas!

Seja criativo em seus elogios; não é tão difícil. Deixe recadinhos de amor espalhados pela casa para que seu marido ou esposa os encontre. Jo Beth é campeã nisso! Eu encontro eternamente recadinhos no espelho do banheiro, na gaveta de meias ou na minha mochila de golfe. Nada muito elaborado, apenas algumas palavras que expressam seu amor e apreço por mim — e eu adoro encontrá-las. Elas tendem a surgir quando mais preciso de encorajamento. É o jeito dela de me elogiar e de comunicar seu amor por mim.

Eu também recomendo a você "espalhar elogios" estrategicamente a respeito de seu marido ou esposa. Quando você diz a um amigo ou parente boas coisas sobre ele ou ela, suas palavras positivas chegarão muito provavelmente aos ouvidos dele ou dela. E quando isso acontece, seu cônjuge saberá quão importante é o lugar que ele ocupa em seu coração.

Uma pequena observação quanto a se fazer elogios: sempre esteja convicto de que são genuínos. Esteja certo de que você está agindo em prol do desenvolvimento de seu cônjuge e para abrir novas formas de comunicação. Não deixe que motivos egoístas encontrem lugar em seus elogios. E não bajule; não faça elogios que não sejam sinceros para obter algum benefício pessoal.

O que pode acontecer quando começamos a lançar elogios na vida de nosso cônjuge? Anos atrás li a respeito do poder do elogio em uma coluna de jornal escrita por um conselheiro conjugal, a quem chamarei de Dr. Crane.

Dr. Crane escreveu que uma mulher veio furiosa visitá-lo certo dia.

— Meu marido me machucou demais — fumegou. — Eu quero não apenas o divórcio; quero *vingança*. Quero feri-lo. Quero destruí-lo.

O conselho do Dr. Crane provavelmente surpreendeu a mulher.

— Vá para casa e aja como se você realmente o amasse. Elogie-o, honre-o e faça com que se desenvolva. Cozinhe seus pratos prediletos. Empregue toda a química criativa que você puder encontrar em seu arsenal de amor. Diga-lhe que não consegue resisti-lo, que tudo a respeito dele é supercolossal e fabuloso. Faça isso como se fosse louca, irremediavelmente apaixonada por ele. Diga-lhe que ele é seu herói e seu campeão, que é tudo para você.

Ele disse à esposa para se entregar sem reservas ao seu marido. Feito isso — ela verdadeiramente o cativou com sua atenção e o convenceu de que era louca por ele.

— Daí acerte-o com as duas cajadadas de uma só vez. Diga a ele: "Eu te odeio! Tenho o melhor advogado da cidade e nós vamos arrancar sua pele vivo. Você não vai ter nem um centavo no seu nome quando eu tiver acabado com você".

"Faça isso", finalizou o Dr. Crane, "e ele passará o resto de sua vida em absoluta miséria, porque nunca encontrará ninguém que se equivalha a você".

— É isso! — gritou a mulher. — É isso que vou fazer!

Então ela foi para casa e começou a agir como se realmente amasse seu marido. O Dr. Crane não teve notícias da mulher por cerca de três meses. Finalmente ele ligou para ela e perguntou-lhe:

— Você já está pronta para o divórcio?

— *Divórcio?* — respondeu. — Eu sou casada com o homem mais maravilhoso da face da terra! Por que eu iria querer o divórcio?

É isso que pode acontecer quando elogiamos nosso cônjuge tanto com palavras como com atitudes. As fortes linhas de comunicação podem ser consertadas e passar a funcionar novamente. E até o casamento mais difícil pode se tornar a instituição de amor e apoio que Deus planejou.

UMA ESPOSA POR "OITO-VACAS"

Anos atrás eu li um artigo sobre um americano que visitou um grupo de ilhas do sul do Pacífico.[5] Em todos os lugares onde o homem esteve, ouvia os povos das ilhas falarem sobre um companheiro chamado Johnny Lingo. Seja lá o que fizesse, de pescar a comprar pérolas, as pessoas diziam-lhe que Johnny Lingo era o homem que ele precisava ver. Parecia que para o que quer que perguntasse, "Johnny Lingo" seria sempre a resposta!

Porém, ele notou uma coisa estranha. Enquanto os habitantes das ilhas exaltavam Johnny Lingo e descreviam seus talentos, soltavam gargalhadas entre si e davam uma piscada de olhos um para o outro. Depois de um tempo, o visitante começou a se perguntar: *se ele é uma pessoa tão maravilhosa, qual é a piada?* Mas ninguém ainda havia revelado o segredo.

Finalmente, um homem da localidade decidiu dar ao escritor uma pista sobre o filho mais querido da ilha, Johnny Lingo. Havia um costume entre o povo de Johnny: o homem que pretendesse se casar deveria "comprar" a esposa oferecendo ao pai dela uma vaca como pagamento. Uma ou duas vacas poderiam comprar uma esposa comum, mas uma esposa por oito vacas, era realmente uma beleza!

Johnny era rico, disse o homem, mas ele pagou oito vacas por sua esposa — isso já era demais. Sarita, a noiva, era "comum", explicou o homem. "Ela era magrinha e andava com ombros curvados e cabeça baixa. Ela tinha medo da própria sombra". Ele abriu um sorriso e disse ao americano: "Nunca seremos capazes de descobrir como Johnny Lingo, o mais astuto comerciante da ilha, de algum modo, foi enganado e pagou ao pai dela — o velho Sam Karoo — oito vacas por uma noiva".

A história intrigou tanto o visitante que ele se comprometeu a visitar Johnny Lingo pessoalmente. Quando se encontraram, Johnny tratou seu convidado com grande hospitalidade. Conversaram alguns minutos antes que o visitante perguntasse sobre o pagamento alto e incomum que ofereceu por sua esposa. "Sempre e para sempre", respondeu Johnny, "quando conversarem sobre acordos de casamento, sempre lembrarão que Johnny Lingo pagou oito vacas por Sarita".

Nesse instante, uma mulher linda e encantadora entrou na pequena barraca — a mulher mais charmosa que o escritor já havia visto. Cada centímetro de suas formas exultavam encanto: a inclinação de sua cabeça, seu confidente jeito de andar, seu sorriso, seu vigor.

Johnny olhou para seu visitante perplexo. Então disse: "Muitas coisas podem mudar uma mulher. Coisas que acontecem por dentro, coisas que acontecem por fora. Mas a coisa que mais importa é o que ela pensa de si mesma. Em Kiniwata, Sarita acreditava que não valia nada. Agora ela sabe que é muito mais valiosa do que qualquer outra mulher daquelas ilhas".[6]

Johnny comunicou a todos naquelas ilhas, alto e claro, que amava Sarita e que se orgulhava em torná-la sua noiva. Ele provou que a comunicação positiva, através de palavras e atos de amor, pode alcançar o que nenhuma outra coisa pode. Isso deu certo nas ilhas e pode dar certo em sua casa também.

REFLETINDO SOBRE SEU RELACIONAMENTO

1. Em uma escala de 1 a 10 (sendo 1 a não existência e sendo 10 "tão bom que é impossível ficar melhor"), avalie a comunicação em seu casamento.
2. Como você e seu cônjuge se saem quando comunicam seus sentimentos e necessidades um ao outro?
3. Descreva alguns obstáculos à comunicação em seu casamento.
4. Como seu cônjuge funciona? Auditivo? Visual? Sensitivo? À luz da maneira como seu cônjuge "percebe", como você poderia melhor comunicar seu amor a ele ou ela?

UMA PALAVRA PESSOAL

Farás do Conflito o teu Aliado

O conflito pode destruir o casamento. Mas também pode trazer brisas frescas e nova vida ao relacionamento. O casamento pode se tornar mais forte em meio a discordâncias e adversidades.

Algumas vezes o casamento é como um duelo. Quando aprendemos a lidar bem com os conflitos, adivinha o que acontece? O casamento torna-se um dueto e a harmonia por ele produzida é quase divina. Então decida se seu casamento será um duelo ou um dueto.

— E.Y.

Mandamento 4

Farás do Conflito o teu Aliado

"Com certeza você e sua esposa nunca brigam, *não é?*" Eu queria ter um centavo para cada pessoa que já me fez essa pergunta, e apenas um real para todas as outras que acreditam de verdade nisso. Eu seria um homem riquíssimo!

Jo Beth e eu estamos casados há mais de quarenta anos, assim você poderia pensar que agora já passamos por todas as brigas e discordâncias. É claro que depois de quarenta anos temos tudo funcionando muito bem! Bem, não exatamente. De vez em quando eu preciso "lembrar" a Jo Beth alguns princípios básicos. Na verdade, não é só de vez em quando — acontece *regularmente*! E ainda mais frequentemente, ela tem que me "lembrar".

Sou grato por Jo Beth e eu termos um casamento forte, mas como admiti através deste livro, estamos ainda crescendo em nosso relacionamento e ainda há áreas que precisam ser trabalhadas. Algumas vezes concordamos; algumas outras não. Nenhum casamento está imune a conflitos. Lembre-se, no casamento, dois indivíduos distintos se tornam um, assim, haverá certamente alguns atritos e tensões na interseção dessa união.

DOIS MITOS ACERCA DOS CONFLITOS

O quarto mandamento para se ter um casamento bem-sucedido é um que muitos casais questionam. É este: *Farás do Conflito o teu Aliado.*

A razão por que os casais questionam esse mandamento é a existência de alguns mitos conjugais correntes. Assim, para começar, irei rapidamente acabar com esses mitos.

1. Bons casamentos não têm problemas

Você briga com seu marido ou esposa? Discorda de seu cônjuge? Em caso afirmativo, parabéns — você tem um casamento perfeitamente normal.

Algumas pessoas acreditam que duas pessoas apaixonadas nunca enfrentarão nenhum tipo de conflito significativo. Isso simplesmente não é verdade. Todo casal, não importa quão bem se combine ou quão maduro espiritualmente seja, *terá* conflitos. É uma parte normal do casamento. A pergunta é: como lidamos com nossas batalhas, brigas, mal-entendidos, disputas e comunicação mal compreendida? As respostas certas a essa pergunta nos levam a ter um ótimo relacionamento.

2. Os conflitos prejudicam os bons casamentos

O conflito *não* tem que prejudicar um casamento sólido. Na verdade, o conflito é uma parte importante de todo bom casamento. Se tratado com sabedoria, pode levar a uma grande intimidade; se tratado com pobreza, pode levar a um grande isolamento. Não podemos escolher se teremos conflitos ou não, mas apenas como lidaremos com eles. Então, o que você escolhe: intimidade ou isolamento?

Em muitos aspectos, o casamento é como dois porcos-espinhos com frio, que se movem um para perto do outro a fim de se aquecerem. Eles *terão* um conflito! Claro, se esses dois porcos-espinhos ficassem sozinhos, poderiam evitar qualquer conflito (e continuariam sentindo frio). Para que a união dos porcos-espinhos dê certo, deverá haver negociação.

Algumas pessoas pensam que têm um casamento ótimo porque nunca entram em conflito. Como você acha que elas lidam com isso? Vou lhe dizer como — elas vivem independentemente umas das outras. "Você cuida das suas coisas e eu vou cuidar das minhas. Vamos nos reunir de vez em quando para tratar de algumas pequenas coisas, mas em geral vamos continuar com agendas separadas e independentes".

Qualquer um pode evitar os conflitos vivendo como um porco-espinho solitário. Mas se vocês desejam ter verdadeira intimidade, precisam tomar as decisões juntos, e prosseguir juntos, não em um duelo, mas como um dueto. Além do mais, dois porcos-espinhos que se aproximam precisam aprender a se relacionar um com o outro com muito cuidado, ou causarão grandes dores um ao outro. É desse tipo de conflito que vem a intimidade verdadeira, o que resulta num casamento forte.

Todos os casamentos, os bons e os maus, têm problemas. E as dificuldades em cada tipo de casamento são parecidas. A diferença crucial está em como o bom casamento lida com os conflitos. A Bíblia nos diz "tende grande gozo" (Tg 1.2) quando as provas e adversidades vêm. Por que ter grande gozo? Por que o conflito produz paciência, e a paciência produz maturidade (vv. 2-4).

CONFLITOS BONS E CONFLITOS MAUS

Eu sempre fico pasmo com o número de pessoas que encontro e que acreditam de verdade que o casamento irá consertar suas vidas e endireitar todas as coisas. Em algum lugar há um rapaz que tem dificuldades com os amigos, entra em conflitos no trabalho, tem problemas na escola e possui um pobre relacionamento familiar — mas ao se casar, ele pensa que tudo vai se tornar melhor. Ou talvez haja uma moça que pense que ao dizer "sim, eu aceito" sua vida vá se tornar um mar de alegrias "até que a morte os separe". De onde se tira essa ideia absurda?

A Bíblia nos diz que o conflito nos remete de volta ao jardim do Éden. Quando o pecado entrou neste mundo, afetou negativamente todo relacionamento em toda família. Por outro lado, conforme aleguei, o conflito no casamento não é sempre um pecado. A presença de problemas, tensões e argumentos não significa necessariamente uma dificuldade no casamento.

Eu acredito que Adão e Eva tiveram bons conflitos *antes mesmo* do seu pecado. Não consigo imaginar Adão se sentando lá, dizendo a Eva o nome que tinha dado a todos os animais, sem que Eva tivesse de vez em quando uma ideia melhor, você consegue? Duas personalidades tão diferentes, ambas criadas por Deus, estão sujeitas a ter diferenças de opinião... Que resultam em conflito.

Mas há tanto os bons conflitos quanto os maus. Há conflitos *construtivos* e conflitos *destrutivos.*

Imagine um homem que tenha um amigo chamado Jack, cujo aniversário esteja chegando. Ele diz à sua esposa:

— Amor, não vamos nos esquecer de enviar um cartão ao Jack. O aniversário dele é semana que vem.

Sua esposa responde:

— O Jack é um dos seus melhores amigos. Acho que você deveria dar a ele um presente de aniversário, não apenas um cartão.

— De jeito nenhum — ele responde. — O Jack não iria querer um presente. Somos homens crescidos. Um cartão será mais do que adequado.

— Mas o Jack não é apenas um velho amigo; ele é o seu *melhor* amigo — ela responde. — Lembre-se, ele inclusive o levou ao jogo de futebol semana passada.

— Bem, é certo que Jack e eu somos amigos íntimos — ele admite — mas nada seria mais adequado do que um cartão de aniversário.

— Ouça — ela insiste. — É o aniversário de quarenta anos dele, e este é um momento difícil para o bom e velho Jack. Ele está passando agora por uma verdadeira transição. Acho que se você fizesse um pouco mais do que o de sempre, seria realmente muito bom. Não foi ele quem ficou ao seu lado quando seu pai faleceu? E ele tem sido sua mão direita por todos esses anos. Então, dê-lhe um presente. Acho que isso vai fazer bem a ele.

Vamos parar o diálogo neste ponto. Aqui vemos um conflito surgindo da diferença de opiniões, não de um pecado. Vamos analisar três maneiras que poderiam ser usadas para se lidar com esse conflito.

Primeiro, o marido poderia dizer: "Quer saber, eu acho que você está certa. O Jack *é* especial. E é o aniversário de quarenta anos dele. O que você sugere para darmos de presente?"

Segundo, ele poderia dizer: "Eu não acho que devemos comprar um presente para o Jack. Somos adultos, entenda! Mas se isso vai fazê-la feliz, vá, compre alguma coisa para ele e lhe entregue".

Terceiro, ele poderia dizer: "Eu sou absolutamente contra comprar um presente de aniversário para o Jack; isso é estúpido e infantil. Que ridículo! E ele é *meu* amigo, não *seu* — então não se meta na minha vida. Agora tenho que ir. Você sempre vem com essas maluquices quando eu estou com pressa". E então ele sai de casa enfurecido.

A primeira cena demonstra uma resposta construtiva ao conflito. O marido pondera a sugestão de sua esposa e pensa, *minha esposa entende melhor dessas coisas do que eu. Ela é a "mulher aniversário"; ela se lembra de todos eles.* Então ele diz a ela: "Acho que você está certa". Sua resposta a encoraja a continuar oferecendo conselhos — e a maioria de nós homens precisa de conselhos, mesmo que não admitamos.

A segunda abordagem apenas interrompe a esposa. Ela consegue que as coisas aconteçam do seu jeito — Jack ganha um presente de aniversário — mas a forma como isso acontece é mais prejudicial do que boa, pois ela não é encorajada a oferecer qualquer assistência ao seu marido no futuro.

A terceira resposta é puramente destrutiva. Ele a expulsa do campo de batalha e usa umas palavras finais para ferir seu espírito, tais como "ridículo", "estúpido", "maluquices" e "infantil".

John Gottman, pesquisador de casamentos da Universidade de Washington, estudou os conflitos no casamento. Com sua esposa, Julie, e o psicólogo e pesquisador Dybil Carrere, Gottman desenvolveu critérios para predizer se um casamento sobreviveria ou não. Gottman e seu time, segundo notícias, podem fazer a predição depois de três minutos de contato com o casal!

Por mais de duas décadas o time de Gottman acompanhou setecentos casais e pôde predizer com 91% de acerto se um casal se divorciaria ou não. Ouvindo como o casal discute, de acordo com os especialistas, pode-se dizer se um casamento vai dar certo. A evidência revela que os casais precisam ter mais cuidado com a maneira como se comunicam, especialmente quando discutem e brigam.[1]

Em nossa ilustração, a terceira resposta do marido se encaixa na categoria destrutiva principalmente porque ele atacou a *pessoa*, não o *problema*. Com o tempo, esse tipo de resposta pode ser fatal à relação conjugal.

Como podemos nos treinar a usar os conflitos que inevitavelmente ocorrem em todo casamento para propósitos construtivos em vez de destrutivos? Vamos começar analisando algumas das armadilhas mais importantes das quais devemos escapar.

O QUE NÃO FAZER DURANTE OS CONFLITOS

Os conflitos destrutivos usam uma série de armas de guerra inapropriadas para "vencer" suas batalhas. Nós evitaríamos muitos desses tipos de conflitos se apenas nos lembrássemos das seguintes sete coisas que não se devem fazer.

1. Não sinta vergonha de sua raiva

Qualquer pessoa que queira ser útil neste mundo vai sentir raiva. Se você nunca sente raiva, eu duvido que você tenha se desenvolvido bem como pessoa. Os problemas deveriam importar; suas opiniões e conclusões são importantes. Apenas lembre-se, a raiva não é o problema; o problema é como você lida com ela.

Como já observamos, muitas vezes no casamento os opostos se atraem. Vemos naquela outra pessoa uma coisa que não temos, mas da qual gostamos. Freqüentemente, essas diferenças é que trazem a animação e a criatividade ao relacionamento.

Mas o que acontece quando um boxeador casa-se com uma pacifista? Esse homem cresceu num lar que responde aos conflitos "vestindo as luvas". Quando uma discordância ocorria, sua família colocava tudo sobre a mesa e nocauteava. Todo mundo dizia a todo mundo o que realmente pensava — e isso normalmente levava à troca de olhares flamejantes.

Sua esposa pacifista é diferente. Toda vez que um conflito surgia na família dela, todos ficavam em silêncio mórbido. *Psiiiiii! Não mencione isso! Não traga isso à tona e não fale sobre isso.* Tudo para manter a paz na família! Daí, como adulta, ela foge de qualquer tipo de conflito ou confrontação. Ela varre o conflito para debaixo do tapete e se recusa a admitir que ele existe.

Agora, veja o que acontece quando eles se casam. O boxeador vê um problema e grita "Vamos resolver isso!" A pacifista pensa: *Ah, não! Eu não quero ter que resolver isso. Eu faço qualquer coisa, menos isso. Eu não quero falar sobre isso.* Por fim ela se retira e nega o problema.

E aí, quem é que fica entre o boxeador e a pacifista? Normalmente fica aquela criança de cinco ou seis anos de idade.

— Papai, você não sabe que a mamãe não gosta de brigar?

— Não me interessa do que sua mãe gosta ou desgosta — ele resmunga.

Às vezes o Junior fica do lado do papai.

— Mãe, você não sabe que o papai só quer conversar? Você precisa conversar com ele.

— Eu não quero falar sobre isso — ela diz. — Eu *não consigo* falar sobre isso.

Logo, a criança pode se tornar uma bola de ping-pong humana entre a mãe e o pai.

Vou tomar um instante para lhe dizer a pior coisa que às vezes acontece nesse tipo de relacionamento: violência. Ela arruína o lar, especialmente as crianças. Lares onde existem exploração e abuso tendem a criar lares de exploração e abuso. Mas não precisa haver lugar para isso, jamais! Se seu lar sofre com esse tipo de raiva, procure a ajuda e o conselho disponível em sua igreja ou comunidade. E lembre-se, até mesmo casamentos violentos podem ser curados com o socorro de indivíduos que se importam e de um poderoso e amoroso Deus.

Ao mesmo tempo em que não devemos esconder nossa raiva, há uma maneira apropriada de expressá-la que não tem nada a ver com agredir, bater ou violentar. A raiva é uma coisa boa, não uma coisa má. A Bíblia diz: "Irai-vos e não pequeis; não se ponha o sol sobre a vossa ira" (Ef 4.26).

É claro, alguém tem que ser maduro para lidar com a raiva apropriadamente — e é nesse ponto que muitos de nós deixamos a desejar. Nós nos inflamamos, nos enchemos de raiva e atacamos a pessoa em vez de atacar o problema.

Argumentos com os quais o marido e a esposa expressam honestamente sua raiva podem ser terapêuticos. Quando surgem discordâncias, precisamos dizer aos nossos cônjuges que os amamos e que é hora de prosseguir e acabar com a disputa. Isso pode ser tanto bom quanto saudável. Por isso não sinta vergonha de sua raiva.

2. Não apele para a artilharia pesada nem use armas mortais

Ao mesmo tempo em que expressar a raiva pode promover um relacionamento saudável, lembre-se de que você não está nisto para liquidar seu cônjuge. Você não está em busca de vitória completa e incondicional. Aqueles que falham em perceber isso inflamam seus conflitos, dirigindo-se a um grande isolamento em vez de dirigirem-se a uma grande intimidade. Então, seja flexível.

Na Operação *Desert Storm*, o ataque bem-sucedido durante a Guerra do Golfo em 1991, as forças aliadas tentaram fazer o mínimo de estrago enquanto miravam para seus alvos. Nessa guerra, a mídia de notícias norte-americana nos apresentou às "bombas inteligentes", que eram capazes de apontar com precisão para um alvo e causar pouquíssimos danos colaterais, caso causassem algum. Os aliados perceberam que antes estava havendo uma supermatança.

Algumas vezes, quando discutimos com nosso cônjuge, apelamos para a artilharia pesada. Mas em vez de enviar "bombas inteligentes", arremessamos os errantes e imprevisíveis "mísseis deslizantes" no inimigo. "Eu vou deixar você!", gritamos. "Eu quero o divórcio!", imitamos os casais balísticos da televisão. O marido da televisão se levanta depois de dizer umas três palavras, se enfurece e bate a porta. E os maridos de verdade pensam: *essa sim é uma maneira masculina de se lidar com conflitos!*

Não, não é. Essa é a maneira covarde. Precisamos continuar no ringue, ouvir cuidadosamente, e ter a coragem de lidar de frente com o problema que incomoda nosso cônjuge, seja ele qual for. Qualquer um pode correr; os covardes fazem isso o tempo todo.

3. Não acertem suas diferenças em público

Alguns anos atrás li a respeito de uma desastrosa festa de casamento no Hotel Blue Dolphin, no sul da Califórnia. Bem no meio da festa, enquanto trezentos convidados conversavam alegremente a respeito do jovem casal, o noivo e a noiva iniciaram uma violenta discussão. De repente o noivo agarrou uma parte do bolo de casamento e o lançou contra o rosto de sua noiva. Paft! Imediatamente começou uma guerra de comida e de pancadaria entre as famílias, amigos e garçons da festa de casamento. A confusão imperou. Num certo instante a polícia chegou, a noiva e o noivo tinham desaparecido.

Essa pode até ser uma ilustração extrema, mas demonstra o perigo de se acertar as diferenças em público. Não discutam sobre seus conflitos particulares na frente de amigos, da família ou de colegas de trabalho. Além disso, não abra inapropriadamente seu coração para os amigos, para seus pais ou para outro confidente. Isso vai machucar seu cônjuge e não ajuda em nada a resolver um conflito conjugal normal.

4. Não dificulte as coisas para você

Muitos de nós dificultamos as coisas para nós mesmos por escolher mal as palavras. "Se você não parar", dizemos, "vou contratar um advogado!" Fazemos afirmações e ameaças extensas, francas e radicais para controlar nosso cônjuge. Tomamos o rumo de volta ao nosso "arsenal", negligenciamos aquilo que já estava resolvido e trazemos isso à batalha.

Nem tudo é justo no amor e na guerra! Se o casamento tivesse árbitros, eles assoprariam os apitos ou levantariam a bandeira nessa jogada. Não dificulte as coisas para você. Não se coloque numa posição que impeça você de voltar atrás.

5. Não use a tática-tartaruga

Quando uma tartaruga encontra um problema, ela entra em seu casco, se protege e fica lá. Muitos de nós nos tornamos como uma tartaruga frente aos conflitos conjugais. Ficamos quietos.

É claro, um pouco de silêncio pode ser bom. Algumas vezes precisamos nos retirar para pensar um pouco. Outras vezes precisamos dar uma caminhada e dizer "fim do primeiro tempo, vamos dar uma trégua".

Mas não é assim que a tartaruga faz. A tática da tartaruga é dizer: "Vou ficar quieto. Não vou dizer nada até que ela peça desculpas", ou: "Não vou responder nada até que ele responda alguma coisa". E aí, vocês dois dormem lado a lado na cama, cerca de 15 centímetros de distância, fazendo o seu melhor para que nem mesmo se toquem.

Muitos de nós negamo-nos a encarar os pequenos conflitos do casamento. Não os trazemos à luz nem falamos sobre eles. E pouco a pouco nossos obstáculos insignificantes tornam-se montanhas ameaçadoras. Por isso, evite a tática-tartaruga. Nunca encontrei uma tartaruga que tivesse um bom casamento.

6. Não seja dramático

Alguns de nós lidamos com os conflitos com drama. Nós exageramos as coisas. Pegamos uma pequena situação e a generalizamos, e fazemos com que pareça algo que acontece desde o princípio. Agimos como a esposa que no meio da briga olhou para o marido e disse:

— Você tem todas as características de um cachorro, exceto uma.

— Qual?

— A lealdade.

Isso pode ser bem-humorado, mas é forte demais! Esse é rude demais. Mas alguns de nós fazemos exatamente isso quando estamos com raiva. Dramatizamos e nos permitimos perder o controle.

7. Não use o sexo como arma

Algumas pessoas usam o sexo como ferramenta de punição ou recompensa. Elas chegam a dizer ao seu cônjuge: "Não vou fazer amor com você até que as coisas deem certo". Mas quando o sexo se torna uma ferramenta de manipulação, toda a parte física do relacionamento se degenera. Muitos maridos tornam-se raivosos e depressivos porque se sentem como se precisassem merecer o carinho de sua esposa.

Esse tipo de ferramenta pode incitar uma "queda de braços". Muitos maridos já disseram: "Eu vou lhe mostrar! Vou encontrar amor nos braços de outra mulher". Foi a isso que Jesus se referiu quando disse: "Mete no seu lugar a tua espada, porque todos os que lançarem mão da espada à espada morrerão" (Mt 26.52).

Preste muita atenção às sete coisas que não se devem fazer durante os conflitos! Negligenciá-las já levou inúmeros casais a um caminho que deixa os corações partidos.

OS QUATRO ESTÁGIOS DO CORAÇÃO FERIDO

Quando lidamos com o conflito da maneira errada, a tensão continua a se construir em nossa casa conforme passamos pelos quatro estágios da ferida. Cada um dos estágios pode levar a uma grande alienação entre o marido e a esposa.

1. O Coração Machucado

Todos nós conhecemos um pouco este estágio. Nossos cônjuges já nos feriram, e nós já os ferimos também. Às vezes acontece intencionalmente, às vezes não. Se formos um pouco sensíveis, percebemos os sinais do nosso cônjuge e sabemos se ele se sente ferido. Sabemos quando há algo de errado, quando as coisas saíram do equilíbrio. Nenhuma pessoa casada pode dizer honestamente: "Nunca tive meu coração machucado".

Ignore um coração machucado por muito tempo e ele se transformará em outra coisa.

2. O Coração Frio

Durante o segundo estágio, pode acontecer de o marido perceber o coração machucado de sua esposa e começar a conversar com ela, mas sem tentar resolver o conflito. Há comunicação, mas falta vontade de resolver a disputa. Normalmente esse tipo de conversa soa "legal" demais. O casal pode começar a agir com indiferença um para com o outro. Ele é o Sr. Legal e ela a Sra. Bem Resolvida. "O conflito não me incomoda!" Enquanto ignorarem o problema e qualquer contato significativo um com o outro, o coração continuará se esfriando.

3. O Coração Duro

O terceiro estágio reflete sérios problemas. No estágio coração-duro você começa a entristecer o Espírito Santo. Não consegue orar (veja Ef 4.30; 1 Pe 3.7). Quando seu relacionamento com seu cônjuge não está bem, como você consegue orar? O céu parece estar bloqueado e Deus parece estar bem longe. No estágio coração-duro, você se torna robótico e inflexível. Conforme as coisas acontecem, você começa a se perguntar se seu casamento sobreviverá. Todo tipo de conflito pode ser solucionado, mas você está tão duro, frio e rígido que não se importa realmente com isso.

E isso leva ao quarto estágio, que é fatal.

4. O Coração Apático

O contrário de amor não é ódio, mas apatia. É indiferença, uma atitude de "não me importa". Ao longo dos anos, já aconselhei vários casais. Muitas vezes eu ouvia homens amargos declararem o quanto odiavam suas esposas, e vice-versa. Eles diziam que não as aguentavam mais ou que as desprezavam. Depois de deixá-los falar um pouco, eu dizia: "Você a ama de verdade, não é?" Eles sempre me olhavam atônitos e perguntavam: "Como é que você sabe?" É fácil. É por causa da raiva deles. Há esperança para esses homens e mulheres.

Mas o que dizer de um casal que mostra apenas apatia e indiferença? Ele não se importa; ela também não. O amor parece ter desaparecido e o casamento ficou destruído.

Que trágico! E é ainda mais trágico porque o casamento chegou ao quarto estágio por causa de conflitos que nem eram tão significativos assim.

COMO FAZER COM QUE OS CONFLITOS SEJAM SEMPRE CONSTRUTIVOS

Vamos ser bem práticos. Como podemos fazer com que os conflitos em nossos casamentos sejam sempre *construtivos*?

Em meio aos conflitos, sente-se com seu marido ou esposa e determine qual é o padrão de conflitos em seu casamento. E repito, não faça isso enquanto os tambores urgem e cada um escolhe suas armas. Faça-o quando tudo parecer relativamente calmo e em paz. Digam um ao outro: "Vamos nos sentar e conversar. Vamos fazer uma manutenção preventiva".

Durante que momentos ou circunstâncias os conflitos tendem a aparecer em seu casamento? Identifique essas áreas de tensão e discutam o que vocês poderiam fazer sobre isso.

Veja João e Maria. Parece que toda vez que saem juntos, eclode a Terceira Guerra Mundial. Ela fica logo exausta e quer ir para casa quando a noite ainda é uma criança. Ele começa devagar, e começa a se divertir mais ou menos na hora em que ela se sente morta sobre os próprios pés.

— Ai, vamos embora — ela diz.

— Não, vamos ficar mais um pouco — ele responde.

Eles voltam para casa mal-humorados quase todas as vezes que saem juntos. O que deveriam fazer?

Num momento "neutro", eles precisam se sentar e analisar seus padrões. Primeiro, eles poderiam decidir que no dia em que planejassem sair à noite, Maria descansaria um pouco à tarde. Segundo, antes de sair para qualquer evento sem hora de término, como uma festa, irão combinar um horário de retorno. Não levaria muito tempo para que entendessem que João não estava tentando deixar sua esposa exausta, nem que Maria estava tentando acabar com a diversão de seu marido. Eles percebem que seu problema está relacionado à variação do metabolismo de seus corpos e às suas diferenças de personalidade, e assim, combinam qual será o procedimento que prevenirá futuros conflitos.

Quão simples! Na verdade, a maior parte de nossos conflitos no casamento não são muito mais complicados do que isso. Poderíamos encontrar soluções práticas para nossas discordâncias se apenas nos sentássemos e tratássemos delas razoavelmente.

QUANDO AS LINHAS DE BATALHA SÃO TRAVADAS

Suponho que você nunca tenha praticado a "medicina preventiva", e que as linhas de batalha já tenham sido travadas. O que você pode fazer quando um conflito explode? Vou lhe sugerir algumas coisas.

1. Fale com Deus e ouça-o

Ore, verbalize seu conflito a Deus e ouça sua resposta. Tantas vezes em momentos de conflito eu começo a orar: "Oh! Senhor, mude meus filhos! Oh! Senhor, mude minha esposa". Quando eu termino de fazer meu pequeno pedido, recebo normalmente a seguinte resposta: "Eu desejo mudá-los, mas vamos começar mudando o pai de seus filhos e o marido de sua esposa!"

Antes de fazer qualquer outra coisa, fale com Deus e ouça-o.

2. Tente compreender seu cônjuge

Você diz que é muito difícil compreender seu marido ou esposa? Eu duvido que seja.

Nós tivemos um entregador de jornal que vinha toda manhã no mesmo horário, trabalhava como um relógio. Toda a vizinhança sabia quando Greg entraria em cena, incluindo os cães. Toda a matilha parecia parar o que estava fazendo e saía. Você não acreditaria nos latidos, uivos e rosnadas que surgiam quando todos eles perseguiam o pobre Greg. Ele pegava seus jornais, gravetos, pedras ou qualquer outra coisa que pudesse encontrar para rechaçar os cães. Toda manhã era a mesma confusão.

Um dia, outro entregador de jornais pegou a mesma rota. No princípio, todos os cães saíam apressadamente, como de costume, uivando e rosnando e tentando pegá-lo como faziam com Greg. Mas esse jovem teve um plano diferente. Ele começou a falar com os cães de um jeito agradável e amigável. Ele sabia que todos eram apenas animais de estimação, não eram ferozes de verdade. Ele imaginou que os cães sentiam seu território ameaçado. Entendeu que ficavam assustados e inseguros. Então ele decidiu começar a domesticar uma dessas pequenas "feras". Passou-se uma semana, e outro cão entrou na domesticação. Finalmente, o cão mais bravo da vizinhança tornou-se o seu melhor camarada. A partir daquele momento, todos aqueles cães "ferozes" corriam com suas caldas abanando quando ouviam o entregador de jornais se aproximar. Eles ficavam muito contentes em vê-lo, porque sabiam que ele os acariciaria.

Bem, com certeza somos tão inteligentes quanto o habitual entregador de jornais. Precisamos entender nossos cônjuges. O que o assusta ou agita? Pense por um instante. Poderia ele estar sentindo-se inseguro ou precisando de uma atenção extra?

3. Tente entender a si mesmo

Pode ser que este seja o tópico mais penoso de todos. A maioria de nós é muito rígida ou muito flexível consigo mesma. Pergunte a si mesmo: "Por que estou no meu limite hoje? Por que eu disse aquilo? Por que estou agindo desse jeito? O que aconteceu em minha vida para que eu trouxesse o escritório comigo para casa ou para que eu levasse minha casa para o escritório?"

Seja honesto. E se você precisa de ajuda para compreender a si mesmo, tudo bem. Às vezes os outros podem ver o que não conseguimos. É por isso que a Bíblia diz: "Como águas profundas é o conselho no coração do homem; mas o homem de inteligência o tirará para fora" (Pv 20.5). Encontre um homem (ou, no caso das esposas, uma mulher) que o compreenda, e peça a este amigo para ajudá-lo a ver seus pontos fortes e suas deficiências. Veja se ele ou ela pode ajudá-lo a elucidar as águas mais profundas do seu coração.

4. Converse com seu marido ou esposa

Nenhum relacionamento pode prosperar sem uma comunicação saudável e regular. Mas quando você conversar, certifique-se de que está usando palavras positivas e edificantes.

Você sabe qual é a maneira mais usada por homens e mulheres para responder aos conflitos do casamento? Eles reagem com palavras ásperas. Eles retaliam. Oferecem insulto atrás de insulto. Por exemplo:

- — Por que você está usando sua aliança no dedo errado? — pergunta a esposa. — Porque isso me lembra de que me casei com a mulher errada — ele responde.
- "Temos um bom casamento", diz a esposa, "porque ambos amamos o mesmo homem — você!".
- — Você ama mais o futebol do que a mim — reclama a mulher.
  — Talvez sim — responde o marido — mas eu amo você mais do que amo o basebol.
- — O que você e seu marido têm em comum? — pergunta o conselheiro. — Uma coisa — responde a mulher. — Nenhum de nós suporta o outro.

As frases podem ser bem-humoradas, mas ajudam a ilustrar o mais baixo denominador comum no qual muitos casamentos afundam, trocando insulto por insulto, injúria por injúria.

Salmos 141.3 oferece um caminho melhor. O salmista pede ao Senhor que ponha uma guarda à sua boca. Nós também precisamos orar: "Põe, ó Senhor, uma guarda à minha boca; guarda a porta dos meus lábios". Também poderíamos usar uma dose de Provérbios 15.1, que diz: "A resposta branda desvia o furor". Nós não devemos retribuir o insulto com outro insulto, mas com bênção. Precisamos aprender a trocar aspereza por doçura. Assim, escolha suas palavras com cuidado.

5. Não deixe o sol se pôr sobre a sua ira

Dissemos isso antes: não deixe sua ira se arraigar (veja Ef 4.26). Não deixe sua raiva passar do estágio do coração ferido. Isso não significa que você e seu cônjuge devam concordar em tudo. Significa que vocês vão permanecer algumas noites acordados até mais tarde, certificando-se de que nunca dormirão até que seus corações se unam.

Jo Beth e eu decidimos nunca dormir à noite até que nossos corações estejam unidos. O problema pode não ser resolvido, mas não vamos deixar que a raiva seja nosso último sentimento quando deitamos na cama para dormir. Normalmente fazemos isso com um "toque de pés".

Quando vem um momento ruim em que ainda estejamos desapontados um com o outro ou passando por um conflito, apagamos a luz e começamos a pensar nos primeiros quatro passos — falar com Deus e ouvi-lo, tentar compreender meu cônjuge, tentar entender a mim mesmo e conversar com meu marido ou esposa. Conforme ficamos lá, no escuro, ambos oramos. Tentamos compreender o lado do outro, enquanto olhamos também para o nosso. Pensamos no que foi dito e em como dissemos. É maravilhoso como passamos por esse processo juntos.

Finalmente alcançamos o momento quando tocamos os pés um do outro na cama. Esse é o nosso jeito de dizer: "Eu te amo, e sei que vamos resolver isso juntos".

6. Priorize a confissão e o perdão

Uma vez completados esses quatro passos e tendo os pés "se tocado", o próximo passo é dizer: "Amor, me desculpe. Você me perdoa?" Essas palavras permitem que o conflito abra portas para um relacionamento mais forte. Muitas vezes, oferecer um pouco de perdão é tudo de que um casal precisa para unir-se novamente.

Em conflitos destrutivos, um indivíduo ou outro pode até "vencer", mas o casamento é que se torna o perdedor. Aprendamos a lidar com o conflito de uma maneira construtiva. Quando assim for, não haverá "vitórias" individuais, quem vence é o casamento. E nosso relacionamento cresce mais forte.

APRENDA A CONTROLAR SUAS REAÇÕES

Você alguma vez já pensou que suas *reações* podem ter um efeito maior sobre seu casamento do que suas *ações*? As ações continuam tendo importância vital, é claro. Ajudamos ou ferimos aqueles que amamos com nossas ações. Mas mesmo que nossas ações sejam perfeitas, podemos devastar nossos casamentos com *re*ações impróprias.

Por exemplo, se eu não minto, não engano, não cometo adultério nem roubo ou fico bêbado, você dirá que minhas ações são nota dez. Mas e se, num momento de conflito, eu ataco por causa de meus ciúmes, ódio ou espírito de vingança? De um ponto de vista bem realista, minhas reações podem causar mais danos (ou criar mais harmonia) do que minhas ações.

Muitas vezes, quando reagimos de forma inapropriada, dizemos: "Aquele não era realmente eu. Eu admito que extrapolei, mas aquele não era o meu verdadeiro eu". Tenho uma notícia para você: aquele *é* o verdadeiro eu e aquele *é* o verdadeiro você. A maneira como respondemos a um conflito revela a verdadeira pessoa dentro de nós.

Pense nisso deste jeito. O que acontece quando você põe uma bolsinha de chá dentro de um copo com água quente? A água logo começa a ficar marrom. Por quê? A água ficou marrom sozinha? Não. Ela estava na bolsinha de chá o tempo todo; a água quente apenas liberou sua cor natural.

Ou o que acontece quando você espreme um limão? O suco azedo e amargo sai. O ato de espremer fez com que o limão se tornasse azedo e amargo? Não. O ato de espremer apenas fez sair o amargo e o azedo já presentes no limão.

Da mesma forma, quando nos encontramos em "água quente" ou "somos espremidos" em nossos casamentos, o que vem para fora é o que já havia dentro. Por esse motivo, precisamos trabalhar não apenas nossas ações para com nossos cônjuges, mas também nossas reações nos momentos de crise.

"SORTE A DELE..."

Há conflitos em todo casamento, mas depende de nós fazer com que eles sirvam a um propósito construtivo. O conflito dentro de casa pode produzir paciência e um aprofundamento em nosso relacionamento tanto com o cônjuge como com Deus. E isso nos leva à maturidade.

Uma vovó muito amável estava celebrando seu quinquagésimo aniversário de casamento. Uma de suas filhas perguntou:

— Mãe, qual é a chave para a felicidade e a alegria que você e papai descobriram ao longo desses anos? Por favor, conte a todo mundo seu segredo.

— Bem — ela começou: — Assim que seu pai e eu nos casamos, eu fiz uma lista das dez coisas na personalidade dele para as quais faria vista grossa — coisas das quais eu simplesmente não gostava. No dia que entramos juntos pela porta da igreja em direção ao altar, prometi que quando qualquer uma dessas dez coisas se manifestasse, eu faria vista grossa a ela em prol da harmonia em nosso casamento.

— Vovozinha —, uma de suas netas respondeu empolgada — por favor, mostre-nos essa lista. Diga-nos quais eram essas dez coisas!

— Bem, querida — ela respondeu — pra ser honesta, eu nuca as anotei. Mas toda vez que seu avô que me aborrecia, eu pensava, *sorte a dele essa ser uma das dez coisas da lista.*

Que "dez coisas" em seu próprio cônjuge aborrecem você? Que comportamento ou evento tende a provocar os maiores conflitos em seu lar? Sejam quais forem essas "dez coisas", seria sábio de sua parte seguir o exemplo da vovó — na verdade, seria sábio que todos nós o seguíssemos. Assim nós também estaríamos no caminho das nossas bodas de ouro.

REFLETINDO SOBRE SEU RELACIONAMENTO

Se você for casado:

1. Que conflito resultou no fortalecimento de um ponto fraco em seu relacionamento com seu cônjuge?
2. Você é um pacificador ou um boxeador com seu cônjuge?
3. O que você precisa mudar para tornar o conflito um aliado em vez de um inimigo?
4. Como seus pais lidavam com os conflitos quando você estava crescendo e como esse método afetou você?

Caso você tenha planos de se casar ou já esteja se preparando para o casamento:

1. Que conflitos ou tensões você vive em seu relacionamento presente? (Se você acredita não haver conflitos, talvez você e a pessoa que ama não estejam sendo totalmente abertos a respeito de suas atitudes, preferências ou sentimentos).
2. Vocês expressam suas discordâncias um para o outro? Por que sim ou por que não?
3. Discuta com a pessoa que você ama sobre aquelas coisas que criam tensões entre vocês.
4. Juntos, planejem estratégias para lidar com os conflitos no futuro.

UMA PALAVRA PESSOAL

Não Afundarás na Lama das Dívidas

A maneira como você lida com finanças é simplesmente uma questão de administração — as posses de Deus estão sob sua confiança. Este capítulo lhe dirá como sair e permanecer fora das dívidas.

— E.Y.

Mandamento 5

NÃO AFUNDARÁS NA LAMA DAS DÍVIDAS

Os ânimos dificilmente se aquietariam quando um jovem casal da Carolina do Sul, que eu conheci, decidiu que precisava de uma casa maior. Logo, esses recém-casados se enrolaram em um enorme pagamento de hipoteca — mas isso não foi tudo.

Mais espaço a ser preenchido requer mais mobília e também os aparelhos mais avançados tecnologicamente. Além disso, eles decidiram que sua casa não seria, nem por dentro, nem por fora, como as outras casas da vizinhança. Daí alguns dos veículos esportes mais modernos estacionaram à sua porta.

Por fim, acreditaram ter alcançado o visual, a imagem e a sensação de um casal norte-americano bem-sucedido. E como outros milhares de casais assim, descobriram que estavam afundando nas dívidas.

Uma noite, enquanto assistiam ao seu televisor de tela gigantesca eles viram um comercial a respeito de um empréstimo para quitação de dívidas com a hipoteca da casa. Ligaram para o número que aparecia na tela e pegaram emprestado o dinheiro que seria todo pago através de um acordo de "pagamento facilitado". Pensando que haviam magicamente diminuído suas dívidas, fizeram outras, enquanto ascendiam através de seus cartões de crédito. Não muito tempo depois, esse casal entrou em falência.

Com o estresse financeiro mais os desgostos do relacionamento, eles começaram a brigar e a reclamar do dinheiro (ou da falta dele). Surpreende você que eles tenham se divorciado?

Se você olhasse a papelada do divórcio deles, provavelmente veria a "incompatibilidade" listada como uma das razões para a separação. Essa é a palavra pela quais duas pessoas declaram que não são mais capazes de continuar vivendo juntas. Quando eu vejo essa palavra, lembro-me de um homem na Flórida que me disse sem rodeios que estava se divorciando de sua esposa por "incompatibilidade". Ele não ganhava dinheiro o bastante e ela não tinha "moderação" o bastante!

Salário/moderação descreve bem o que acontece em muitos casamentos. A maioria dos divórcios nos Estados Unidos são resultantes de conflitos referentes a dinheiro ou sexo, e às vezes a ambos. Trataremos de sexo num capítulo posterior. Vamos primeiro focar os desafios financeiros no casamento — especialmente as dívidas. Assim, nosso quinto mandamento do casamento é: *Não afundarás na lama das dívidas.*

AS TENSÕES QUE O DINHEIRO TRAZ

Muitas tensões no casamento vêm da área financeira, apesar de poderem se tornar mais expressivas em outras áreas. Muitos conselheiros acreditam que mais da metade das separações de famílias nos Estados Unidos tem origem no dinheiro: muito dinheiro ou não o bastante, péssima administração, contas altas, interesse e todo o resto.

Quarenta por cento dos rimos de família nos Estados Unidos são mulheres. De acordo com algumas estimativas, as mulheres controlam 65% de toda a riqueza do país. Em um terço de todas as famílias norte-americanas a mulher é a administradora; ela paga as contas e controla a carteira. É por isso que os vendedores de cartão de crédito — que distribuem cerca de dois *bilhões* de propostas por ano[1] — focam tão intensamente a mulher. Peça a qualquer banqueiro ou economista cristão para lhe dizer o quanto de juros você paga. Você vai cair para trás!

Quando a MasterCharge (*Crédito-Mestre*) mudou seu nome para MasterCard (*Cartão-Mestre*), talvez a empresa não tenha percebido quão descritivo o novo nome realmente era. O cartão — e todos os outros — tornaram-se mestres de milhões de indivíduos!

Uma estudante do Ensino Médio disse à sua melhor amiga que estava prestes a se casar: — Eu espero de verdade que você tenha um casamento feliz.

Sua amiga respondeu:

— Estou certa de que teremos. Nunca tivemos nenhuma dificuldade durante este ano que estivemos juntos, exceto na área financeira. E fizemos um acordo de que quando nos casarmos nunca vamos falar de dinheiro.

Em outras palavras, ela disse a sua amiga: "Bem, teremos um casamento feliz 'até que as dívidas nos separem!'"

UMA SOLUÇÃO SIMPLISTA

Muitas pessoas tentam sanar o problema do dinheiro com uma solução simplista. Acreditam que se apenas tiverem mais dinheiro, resolverão seus problemas. O caso de um dos homens mais ricos da história mostra o vazio dessa crença. J. Paul Getty possuía mais de quatro bilhões de dólares quando morreu. E ainda assim, Getty, que havia se casado cinco vezes, segundo o que se soube, lamentava-se dizendo que as únicas pessoas que invejava eram aquelas que possuíam um casamento bem-sucedido.

O *New York Times* observou no obituário de Getty: "É verdade, os negócios eram a vida do Sr. Getty. Uma de suas antigas esposas uma vez observou, talvez ainda magoada, que os negócios eram seu 'primeiro amor' e que a riqueza era meramente produto disso".[2]

Como podemos aprender com os erros de Getty e construir casamentos bem-sucedidos? Parte da solução vem com uma concepção correta acerca do dinheiro. Duas palavras nos ajudam aqui: *administração* e *orçamento*.

UMA PALAVRA PARA A VIDA COTIDIANA

Nunca deveríamos reservar a palavra *administração* para o mundo dos negócios. Ela precisa dirigir nossa vida cotidiana e fazer parte dela.

Temos uma concepção errada de dinheiro e de seu uso quando pensamos nele como algo totalmente nosso, ou até mesmo como sendo 90% nosso — quando 10%, o "dízimo", são entregues a Deus. Na verdade, a Deus pertence *tudo* e Ele confia *uma parte* a nós para que usemos por um instante. Deus nos faz administradores de suas posses. *A administração envolve as posses de Deus e uma parceria com o ser humano.*

Disse Jesus: "Mas buscai primeiro o Reino de Deus, e a sua justiça, e todas essas *coisas* vos serão acrescentadas" (Mt 6.33). Quando damos o primeiro lugar à agenda do Pai, às prioridades do Filho e às causas da igreja de Deus, investimos em coisas que duram para sempre.

Fechar as portas às tentações do materialismo não depende de quanto dinheiro você tem, mas de como o usa. Mudar uma atitude possessiva para uma visão ampla de administração trancará a porta para a tentação material.

As famílias que repensam suas prioridades podem sofrer uma transformação notória. Se os maridos e as esposas prometessem "hoje vamos reajustar, reorganizar, replanejar e reprogramar de forma a pôr as coisas de Deus em primeiro lugar", construiriam um muro poderoso contra a tentação da possessão material, que pode destruir um casamento e uma família.

ORÇAMENTO 10-70-20

Uma segunda palavra, *orçamento*, também pode enormemente aliviar os problemas associados às finanças. Há muitos planos-orçamentários disponíveis. Alguns anos atrás, encontrei um que achei particularmente útil. É simples de usar e funciona na maioria das situações, com possíveis exceções em receitas familiares extremamente baixas ou altas. É chamado de "orçamento 10-70-20".[3] Funciona da seguinte forma:

1. Primeiro, subtraia seu dízimo e seus impostos do seu salário mensal bruto. As pessoas me perguntam frequentemente se devem dizimar de seu salário bruto ou líquido. Lembre-se, a Bíblia ensina que devemos trazer a Deus as "primícias", não os frutos "pós-taxados". Então, dê o referente à sua receita bruta. (E é claro, pague seus impostos. O Senhor disse: "Dai, pois, a César o que é de César" — [Mt 22.21]).

2. Pegue 10% do que restar, depois de pagar o dízimo e os impostos, e guarde ou invista a quantia.
3. Use 70% desse mesmo restante para pagar despesas essenciais.
4. Aplique na redução das dívidas os 20% que sobraram. (Se 20% não cobrirem todos os pagamentos, então você pode tentar um empréstimo para pagamento de dívidas, mas cuidado para não acabar contraindo outra.)

O truque é viver nos 70% do meio. Em alguns casos de grande caos financeiro, levará um tempo até que tudo esteja sob controle. Mas a fórmula 10-70-20 pode ser aplicada imediatamente para iniciar o processo.

GANÂNCIA

Nada pode nos afundar mais na lama das dívidas do que a ganância. A ganância pode ser mais bem definida como bênçãos mal administradas.

A Intenção de Reter

Um casal dos primórdios da igreja caiu em ganância e provocou um desastre. Você encontrará sua história em Atos capítulo 5.

> Mas um certo varão chamado Ananias, com Safira, sua mulher, vendeu uma propriedade e reteve parte do preço, sabendo-o também sua mulher; e, levando uma parte, a depositou aos pés dos apóstolos. Disse, então, Pedro: Ananias, por que encheu Satanás o teu coração, para que mentisses ao Espírito Santo, e retivesses parte do preço da herdade? Guardando-a, não ficava para ti? E, vendida, não estava em teu poder? Por que formaste este desígnio em teu coração? Não mentiste aos homens, mas a Deus. E Ananias, ouvindo estas palavras, caiu e expirou. E um grande temor veio sobre todos os que isto ouviram. E, levantando-se os jovens, cobriram o morto e, transportando-*o* para fora, o sepultaram. E, passando um espaço quase de três horas, entrou também sua mulher, não sabendo o que havia acontecido. E disse-lhe Pedro: Dize-me, vendestes por tanto aquela herdade? E ela disse: Sim, por tanto. Então Pedro lhe disse: Por que é que entre vós

vos concertastes para tentar o Espírito do Senhor? Eis aí à porta os pés dos que sepultaram o teu marido, e também te levarão a ti. E logo caiu aos seus pés e expirou. E, entrando os jovens, acharam-na morta e a sepultaram junto de seu marido (At 5.1-10).

Deus abençoou Ananias e Safira com um bom lucro da venda de sua terra, mas por causa de sua ganância não *quiseram* dar o referente a toda a sua herdade. Eles queriam guardar para si mesmos o máximo que pudessem, dando ainda a falsa impressão de que estavam sendo os mais generosos possíveis.

A ganância faz com que maridos e esposas modernos pensem que *não podem* dar o referente a tudo que deveriam. Essa mentalidade os empurra mais para o fundo do lamaçal da dívida, que passa então a ser a razão por que não dão mais nada.

"O que Você Faria por R$ 10 Milhões?"

James Patterson e Peter Kim listaram as atitudes dos norte-americanos em um número de tópicos envolvendo a ganância. Eles perguntaram a pessoas de todo o país: "O que você seria capaz de fazer por R$ 10 milhões?" Muitos entrevistados disseram que fariam pelo menos um — e alguns fariam muitos — dos seguintes tópicos:

- abandonar a família (25%)
- abandonar a igreja (25%)
- prostituir-se por uma semana (23%)
- desistir de sua cidadania norte-americana (16%)
- abandonar seu cônjuge (16%)
- testemunhar em falso para que um assassino fosse posto em liberdade (10%)
- matar um estranho (7%)
- pôs seus filhos para a adoção (3%)[4]

COMO SUPERAR A GANÂNCIA

Meu filho mais velho, Ed, pastoreia a *Fellowship Church* em Grapevine, no Texas. Em uma série de mensagens, mais tarde publicadas em um livro, ele descreveu quatro formas de superar a ganância:[5]

1. Aprenda o segredo de admirar sem desejar

Quando você vir algo atrativo na vitrine de uma loja, aprenda a dizer "Ual, isso é fantástico!", em vez de "Ual, isso é fantástico — eu tenho que comprar isso!" Os casais que desenvolvem esse hábito evitam afundar-se em dívidas por causa da ganância.

2. Aprenda o segredo de dar coisas

A cada três meses, Ed dá alguma coisa que tenha valor para ele. Que prática fantástica a ser adotada! "Isso me ajuda a ficar livre da ganância e a colocar as coisas na perspectiva certa", ele diz.

Como calouro na Universidade de Alabama, estava percorrendo meu caminho dos estudos. Também servia na Primeira Igreja Batista de Tuscaloosa, que tinha um projeto de construção em andamento. A liderança pediu ofertas para financiar esse projeto, visitando cada membro da igreja. Depois de avaliar o pedido, eu tive a sensação de que teria que fazer uma contribuição tão grande para o meu pobre salário que seria impossível ofertá-la. A única maneira de pagá-la seria confiar em Deus que conseguiria a quantia que havia me comprometido ofertar.

Mais tarde, naquele mesmo ano, Deus me chamou para um ministério de tempo-integral. Eu sabia que seria transferido da Universidade de Alabama para uma outra, então comecei a fazer as malas — e vi aquele carnê de oferta. Eu havia pagado um ano daquelas ofertas e ainda faltavam dois. Dei uma olhada no meu caderno de finanças e vi que tinha um pouco mais do que precisava para efetuar todos os pagamentos restantes.

Comecei a pensar em como estava partindo e que não seria mais membro da Primeira Igreja Batista de Tuscaloosa. Dali a dois anos eu estaria em outro lugar! Mas eu não podia me livrar daquele carnê de ofertas. Não podia jogá-lo fora nem escondê-lo. Então, antes de partir, assinei um cheque no valor da oferta daqueles dois anos restantes. Eu abri mão de cada centavo que tinha.

No momento em que fiz isso, crucifiquei a ganância que me tentou com a possibilidade de não honrar meu compromisso.

3. Aprenda com Deus o segredo de ser generoso

Enquanto o mau uso das finanças destruiu Ananias e Safira, um outro homem ganancioso, Zaqueu, encontrou uma salvação para essa armadilha. Jesus causou tanto impacto nesse sujeito astuto que ele imediatamente doou metade de seus bens aos pobres e restituiu a todos de quem tinha roubado. E Jesus respondeu ao seu compromisso, dizendo: "Hoje, veio a salvação a esta casa" (Lc 19.9).

Dar não salvou Zaqueu. Mas foi um sinal de que ele tinha virado as costas à sua ganância e se tornado um novo homem em Cristo. Ele começou a praticar a generosidade que Deus deseja que todos os seus filhos tenham.

4. Aprenda a realidade da morte do relacionamento com os bens materiais

Eu amo a maneira como Ed se refere a isso: "A morte marca por fim o fracasso dos bens materiais. Podemos esbanjar nosso dinheiro nesta terra, mas não poderemos levar nada conosco quando morrermos".

Uma vez recebi uma carta de um homem que entendeu a importância da morte com respeito a seus bens. Ele escreveu:

> Eu era membro de um grupo formado por centenas de pessoas, cada uma ofertava um milhão de dólares para [o cumprimento] da grande comissão [de Cristo]. Depois de alguns anos de retiro e de viver uma vida boa, voltei à indústria de gás e petróleo e de investimento em bens imóveis. Minha esposa e eu demos sempre pelo menos o dízimo por alguns anos, e ultimamente demos 50% de nossa renda bruta. Entretanto, as coisas não foram bem.
>
> Como você sabe, tanto a indústria de petróleo quanto a de bens imóveis sofreram grandemente em meados e no fim dos anos 80. Eu perdi a maior parte do que pensei ser a reserva de uma vida inteira. Você contou a história sobre a experiência de J. P. Getty de olhar por uma janela comum e ver as pessoas, mas quando olhou no espelho, viu apenas a si mesmo. A moral era que quando um pouco de prata é adicionada ao vidro e olhamos através dele, vemos apenas nós mesmos. Foi exatamente isso o que aconteceu comigo.
>
> Eu estava olhando em primeiro lugar para mim mesmo e estava impressionado com o que tinha feito. Mesmo continuando a ser fiel em dar, meu motivo era estragado pelo meu orgulho em fazê-lo. O Senhor teve que me retificar. Eu não tenho ideia do

que Ele reservou para o meu futuro aqui nesta terra, mas sei que passarei a eternidade no céu. Eu pedi o seu perdão. Agora tenho Segurança Social e meu salário de meio-expediente, do qual dou o dízimo. E minha esposa e eu o damos com muita alegria e ações de graças. É muito mais compensador dizimar do pouco do que quando eu dava 50% do muito.

Assim como a riqueza deste homem morreu em uma turbulência econômica, seu coração morreu para sua riqueza. Ele começou a voltar sua atenção para a eternidade e percebeu que nenhum dos seus bens terrenos poderia levá-lo a ela — exceto aqueles investidos nas coisas eternas.

O ENGANO

Um outro empurrão para a lama das dívidas vem do engano. Antes que enganassem qualquer outra pessoa, Ananias e Safira enganaram-se a si mesmos. Mas não poderiam enganar a Deus. Lembro-me de um esquete clássico de Jack Benny. Ao descer a rua, um ladrão aponta uma arma para ele.

— Seu dinheiro ou sua vida! — exige o bandido.

Benny não diz nada. O assaltante repete:

— Seu dinheiro ou sua vida!

Jack Benny responde:

— Estou pensando, estou pensando!

Muitos maridos e esposas enganam-se a respeito dos bens materiais por tanto tempo que se esquecem de que muitas coisas em seu casamento são mais valiosas que ouro. Aí afundam ainda mais no lamaçal das dívidas, pensando ser esse um estilo de vida normal.

Em algum momento gaguejam: "Mas... mas..." E aí já é tarde demais. A areia movediça das dívidas os puxa para baixo e o casamento morre.

O PERIGO DE RACIONALIZAR

Fundamental à autodecepção de Ananias e Safira foi sua racionalização. Talvez eles tenham pensado que merecessem ficar com todo o dinheiro. Certamente racionalizaram que ninguém saberia do valor total de seu lucro. Sem dúvidas eles caíram de volta na velha desculpa de que o que tinham não era da conta de ninguém.

Esse foi o mesmo problema que teve o homem que conhecemos como o "jovem rico". Ele queria saber como poderia se tornar discípulo de Jesus. O Senhor disse a ele que vendesse tudo que possuía, desse aos pobres, deixasse seu interesse por negócios e o seguisse. (aliás, essa não foi a exigência de Jesus a todos, mas àqueles que, como este homem, permitem que seus bens os possuam). Sem dúvida a mente do jovem rapaz precipitou-se com racionalizações a respeito do por que ele merecia ficar com seu dinheiro e da exigência absurda de Jesus.

Jesus, que "sabia o que havia no homem" (Jo 2.25), compreendeu o erro no regulador da vida do jovem rico. Depois de anos de racionalização, houve uma transferência de riquezas — não do jovem para outra pessoa, mas de uma parte dele para outra.

Quando seu dinheiro deixa suas mãos e entra em seu coração, é aí que você está sob o maior perigo de afundar na lama das dívidas.

Um outro personagem bíblico, Demas, sofreu do mesmo problema. Paulo escreveu a Timóteo: "Procura vir ter comigo depressa. Porque Demas me desamparou, amando o presente século, e foi para Tessalônica; Crescente, para Galácia, Tito, para Dalmácia" (2 Tm 4.9,10).

Não caia na mesma armadilha. Muitos casais mostraram um amor inicial por Cristo e sua igreja; mas quando a abundância veio, eles racionalizaram seu caminho em padrões distantes de Deus. Certifique-se de que você não se afundará nessa mesma lama.

FALHA NO EXERCÍCIO DA ADMINISTRAÇÃO

Ananias e Safira começaram perguntando quanto poderiam reter consigo. Essa mentalidade os levou direto para a morte. Eles deveriam ter começado perguntando quanto poderiam dar a causa de Cristo e ao seu Reino.

Jesus disse que devemos buscar primeiro o Reino de Deus, e as coisas de que precisamos virão como resultado dessa priorização. Jesus também diz: "Porque onde estiver o vosso tesouro, aí estará também o vosso coração" (Mt 6.21).

Mostre-me um indivíduo com uma concepção apropriada de riquezas, de bens e de dinheiro e eu lhe mostrarei um indivíduo que compreende as coisas profundas de Deus. Mas mostre-me alguém que não é fiel com seu dinheiro, que não tem uma visão bíblica de possuir e eu lhe mostrarei alguém (independente do jargão religioso em seus lábios) que sofre de um grande problema espiritual.

Quanto dinheiro uma pessoa pode ter e continuar sendo um homem ou mulher de Deus cheio do Espírito Santo? Há um limite?

Sem dúvida há. O limite é: *quando nossa riqueza espiritual fica atrás de nossa riqueza material, temos dinheiro demais.* Quando nosso compromisso com Deus, com sua Palavra e com a igreja vem em segundo lugar atrás de nosso compromisso com as coisas materiais, fomos longe demais e ultrapassamos a quantia de dinheiro que deveríamos ter.

A esse respeito, Deus faz uma dentre duas coisas. Deus pode nos deixar sufocar no dinheiro, permitindo-nos possuir tanto que nos afogaríamos no poder da riqueza. Ou Ele pode nos tirar o dinheiro, de um jeito ou de outro, dependendo do propósito que tiver para nossas vidas. Isso tudo depende do que acontece com a riqueza que acumulamos, se é pouco ou demais. A Bíblia diz que se formos fiéis no pouco, Deus nos dará a chance de sermos administradores e fiéis no muito (Mt 25.21).

Quando Deus nos dá mais do que o básico, Ele quer usar nossa abundância como uma bênção para os outros, para o seu Reino — para coisas que duram para sempre. E o homem ou mulher que não percebe isso é um louco — pela própria definição de Deus. Suas palavras são claras: "Mas Deus lhe disse: Louco, esta noite te pedirão a tua alma, e o que tens preparado para quem será?" (Lc 12.20).

Tragicamente, Ananias e Safira encaixam-se nessa descrição. Eles afundaram intencionalmente nesse lamaçal e isso os consumiu.

Mas nenhum casal precisa pisar na lama das dívidas e permanecer lá até que o casamento se sufoque. Deus dá a todos nós a oportunidade e a habilidade de usar o dinheiro que Ele nos confia de forma a glorificá-lo e a abençoar os outros. Você não precisa ser como Ananias ou Safira. Começando hoje, você pode escolher se tornar um Zaqueu e provar com sua fiel administração que o dinheiro não é o seu deus. E assim as palavras de Jesus podem abençoar sua casa como fizeram àquele antigo coletor de impostos: "Hoje, veio a salvação a esta casa".[6]

REFLETINDO SOBRE SEU RELACIONAMENTO

1. Qual é a fonte das dívidas em sua casa?
2. Que tipo de aquisição você está pretendendo fazer e que aumentará suas dívidas? Por que você precisa disso?
3. Que percentual de sua renda você dá à igreja?
4. De quanto é sua dívida atual do cartão de crédito? Cheque-especial? O que você está fazendo para se livrar dessas dívidas?

UMA PALAVRA PESSOAL

Fugirás da Tentação Sexual — On-line e de outras Formas

Este capítulo precisa ser lido devagar e em oração. A vitória nesta área de sua vida o tornará capaz de ouvir o "som das trombetas" toda manhã. O adultério é a bomba nuclear do mal. Corra para Jesus Cristo — Ele o libertará!

— E.Y.

Mandamento 6

Fugirás da Tentação Sexual — On-line e de outras Formas

Eu não preciso lançar mão de estatísticas para convencê-lo de que vivemos em uma época e em uma cultura obcecadas por sexo. É bem fácil nos pegarmos ouvindo a respeito, admirando e participando de atividades que corrompem o propósito do sexo, que é o de promover a aproximação e a intimidade entre o marido e a esposa.

Até agora, nossos mandamentos falaram a respeito de coisas que precisamos fazer se quisermos ter um casamento feliz e saudável. Mas agora, precisamos tratar de algo de que a Bíblia diz que precisamos *fugir*, e isso é a base do meu sexto mandamento do casamento: fugirás da tentação sexual — on-line e de outras formas.

Como este mandamento sugere, nossa fuga não é apenas da tentação de pecar fisicamente, mas de todas aquelas que tiram nosso foco da pessoa com quem Deus disse que devemos compartilhar nossa própria sexualidade: nosso cônjuge. Muitos de nós acreditamos que se não cometermos adultério físico, não fazemos nada que seja errado, destrutivo ou lesivo.

Olhemos por um instante para algumas das coisas que podem nos distrair de nossos cônjuges e da vontade de Deus a respeito do sexo. Mas antes, vamos tratar de dois famosos — e contrastantes — exemplos bíblicos de como se pode lidar com a tentação sexual.

NINGUÉM ESTÁ IMUNE

Davi, o segundo rei de Israel, mostra-nos que ninguém está imune à tentação sexual — nem mesmo um homem segundo o coração de Deus (veja 1 Sm 13.14).

> E aconteceu, à hora da tarde, que Davi se levantou do seu leito, e andava passeando no terraço da casa real, e viu do terraço a uma mulher que se estava lavando; e era esta mulher mui formosa à vista. E enviou Davi e perguntou por aquela mulher; e disseram: Porventura, não é esta Bate-Seba, filha de Eliã e mulher de Urias, o heteu? Então, enviou Davi mensageiros e a mandou trazer; e, entrando ela a ele, se deitou com ela (e já ela se tinha purificado da sua imundície); então, voltou ela para sua casa. E a mulher concebeu, e enviou, e fê-lo saber a Davi, e disse: Pejada estou (2 Sm 11.2-5).

Essa passagem nos mostra como funciona a tentação sexual. Davi viu uma mulher formosa aos seus olhos e a desejou. Já que aquela noite ele não tinha visto ninguém por perto — nem o próprio marido de Bate-Seba —, o rei decidiu que a tomaria para si. Quem ficaria sabendo? Apenas ele e Bate-Seba. Além disso, quem ousaria desafiar o rei?

Davi, então, deitou-se com Bate-Seba e depois a mandou embora. Mas que confusão criou Davi com esse momento de prazer! E tudo ficaria ainda pior, muito pior, até que melhorasse.

A gravidez de Bate-Seba deu início a uma série de trágicas decisões tomadas por Davi. Ele mandou chamar o marido dela, Urias — servo tão fiel ao reino quanto qualquer rei pudesse desejar — e disse-lhe que passasse a noite com sua esposa. "Você lutou bravamente e merece uma noite com sua esposa", Davi disse ao velho soldado. Mas Urias recusou-se. Ele disse a Davi que nunca poderia ir para casa e comer, beber e dormir com sua esposa enquanto o restante do exército de Israel permanecia nos campos de batalha.

Assim, Davi foi para o plano B. Já que Urias não iria para casa para ficar com sua esposa, Davi enviou o bravo e fiel soldado para as posições de frente, para conspirar com as altas patentes militares, a fim de que o homem morresse em batalha. Seus planos malignos funcionaram. Quando os mensageiros trouxeram a notícia de que os inimigos haviam matado Urias, Davi casou-se com Bate-Seba.

Mas o pecado do rei não passou despercebido aos olhos de Deus. O Senhor enviou o profeta Natã para confrontar Davi. Ironicamente, as próprias palavras de Davi o condenaram. Natã contou a Davi a história de um rico e poderoso homem que tomou de um homem pobre tudo o que este tinha. Davi sentiu-se ultrajado e disse a Natã:

— Esse homem devia morrer pelo que fez!

— Você é o homem! — disse Natã.

Davi não conseguiu escapar. Ele tentara esconder seu pecado por quase um ano e provavelmente pensara que tivesse conseguido. Mas sua astúcia durou pouco. Deus sabia de tudo que ele havia feito. E foi apenas uma questão de tempo até que Deus trouxesse correção ao seu servo, o rei.

Embora Deus tenha poupado a vida de Davi, o rei castigado ainda teria que viver com as consequências de seus atos pecaminosos. O filho de Bate-Seba com Davi viveu apenas uma semana, deixando Davi com o coração partido. Ele amargurou não apenas pela perda de seu filho, mas pelo desgosto de ter desonrado seu Deus.

Depois que Davi se arrependeu, Deus voltou a abençoá-lo. Usou até mesmo o relacionamento de Davi com Bate-Seba para aumentar o seu próprio reino. Mas Deus fez isso apenas *depois* que Davi já havia sofrido grandemente pelo que fizera.[1]

ÀS SUAS MARCAS, PREPAREM-SE...

A história de José é mais curta e não tão complicada quanto a de Davi, simplesmente porque José fez o que devia ser feito quando o desejo tentador se fez manifesto (ou eu deveria dizer "manifesta?"). Ele não ficou parado tentando lidar com a questão; ele correu.[2]

Um homem poderoso chamado Potifar era servo pessoal do Faraó, e José servia a Potifar. Potifar viu em José um jovem de grande integridade.

Ele também observou que José tinha grande sucesso em tudo que fazia. Por isso, Potifar colocou-o como responsável por sua família e por todos os seus negócios.

José impressionava a muitos observadores, inclusive a Potifar. A Bíblia nos diz que o belo José cativou os olhares da esposa de Potifar. Ela sabia desde o primeiro momento que o desejava, e estava acostumada a ter tudo o que desejava. Assim, dia após dia, persistia em pressionar José a dormir com ela.

Não era fácil para José fugir dos avanços da Sra. Potifar. Mas ele lhe disse: "Seu marido, meu mestre, confia a mim tudo o que tem — *inclusive você!* De modo algum irei traí-lo ou desonrar a Deus fazendo uma coisa dessas. Portanto, esqueça!"

Mas a esposa de Potifar não tinha a menor intenção de aceitar um "não" como resposta. Finalmente ela parou de tentar persuadir José com palavras. Mas um dia, sem que ninguém estivesse por perto, ela agarrou José pela camisa e exigiu que ele dormisse com ela. Sendo um homem forte, José poderia tê-la neutralizado facilmente e talvez pudesse fazer com que ela visse as coisas sob o ponto de vista dele. Mas em vez de usar força ou lógica, ele correu dela. Ele fugiu tão rapidamente que deixou sua camisa nas mãos da esposa de Potifar (Gn 39.12,13).

E como a esposa de Potifar respondeu a essa humilhação? Ela acusou falsamente José de tê-la estuprado. As autoridades lançaram o jovem na prisão, mas ele, que permanecia um servo de Deus fiel, desfrutou das bênçãos do Senhor mesmo aprisionado. Em momento algum ele se aproveitou do fato de ser a "mão direita" do oficial de Faraó. E muitos meses depois se tornou o segundo no comando de todo o Egito, reportando-se apenas ao próprio Faraó. Sua posição poderosa permitiu-lhe salvar Israel da fome e da destruição certa.

A história de José demonstra que bênçãos maravilhosas podemos receber quando seguimos fielmente os mandamentos de Deus. Serve também de ótimo exemplo de como devemos lidar com a tentação sexual persistente que ameaça nos destruir: *corra!*

CORRA DA TENTAÇÃO!

O Antigo Testamento não é o único que trata do assunto "fugir da tentação sexual". Em sua primeira carta aos coríntios, Paulo chama nossos corpos de templos do Espírito Santo. Qualquer outro pecado, ele diz, cometemos contra Deus, mas a imoralidade sexual é um pecado tanto contra Deus quanto contra *nossos próprios corpos*. O povo de Corinto conhecia bem a imoralidade sexual; muitos *juntavam-se* a ela em vez de *fugir* dela. Mas Paulo os instruiu a fugir (1 Co 16.18).

O apóstolo repetiu essa ordem ao jovem pastor chamado Timóteo. Como a maioria dos jovens, Timóteo lutava com os desejos. Então Paulo instruiu a seu jovem amigo a "fugir das paixões da mocidade" (2 Tm 2.22). Essa instrução reporta-se não apenas a maridos e esposas, mas também àqueles que estão para se casar. A Bíblia ensina que nossos corpos são presentes reservados para nossos futuros cônjuges. Que presente de casamento maravilhoso para se trazer ao seu próprio casamento!

A Bíblia, tanto no Antigo quanto no Novo Testamento, nunca nos encoraja a tentar enfrentar a tentação sexual. Mas insiste em que saiamos completamente do caminho dela.

TRATE A TENTAÇÃO SEXUAL COMO UMA DOENÇA MORTAL

Imagine que você tenha ouvido a respeito de um surto de uma doença mortal em uma área remota. Apenas profissionais médicos treinados ousaram viajar até a área onde houve o surto, e você ficou sabendo que se contrair a doença provavelmente morrerá. Você também sabe que apenas aqueles que viajam para o local da epidemia estão vulneráveis à doença.

Seria um ato de bravura ou de plena estupidez viajar até a área afetada apenas para provar o quão "resistente" à bactéria mortal você é? Nenhuma pessoa em sã consciência se poria em tamanho perigo sem uma boa razão. Mas é exatamente isso que muitos cristãos fazem em relação à tentação sexual. Antes e depois do casamento, dedicam-se a ela, flertam com ela e entretêm-se com ela — acreditando que no último instante serão capazes de pisar nos freios e evitar a colisão.

Isso não funciona desse jeito. Deus nos conhece. Ele nos criou, então sabe o quanto a tentação sexual pode arrastar seus filhos. É por isso que Ele nos instrui a fugir. Se tratássemos a tentação sexual como uma doença mortal e altamente contagiosa, entenderíamos melhor e obedeceríamos à admoestação da Bíblia a fugir.

O PROPÓSITO DO SEXO

É Plano de Deus

Alguns anos atrás escrevi um livro intitulado *Pure Sex* (Sexo Puro). Em um dos capítulos, fiz um esquema de quatro coisas que acredito que todo mundo devia saber a respeito do sexo. Primeiro, *o sexo é ideia de Deus.* Os seres humanos não inventaram ou aperfeiçoaram o sexo, não importa o que Dra. Ruth*, Hugh Hefner**, Madonna ou outros possam sugerir. Deus criou o sexo; melhor ainda, Deus lhe deu um propósito, e não meramente para a procriação. Deus fez o sexo para que seja um ato de prazer e alegria pelo qual o marido e a esposa ligam-se física, espiritual e emocionalmente — eles se tornam um.

Segundo, *a sexualidade humana é única.* A sociedade quer que acreditemos que somos simplesmente parte do reino animal, nada mais. "É apenas natural", diz o mantra cultural. Mas o sexo foi projetado não como uma mera consequência do instinto, mas como uma ligação prazerosa e íntima entre o marido e a esposa, tanto para a procriação quanto para o prazer. Apesar de o mundo querer que creiamos que estamos apenas um nível acima dos *animais,* Deus nos diz que fomos criados apenas um pouco abaixo dos *anjos.* A Bíblia diz que fomos criados à imagem de Deus. Na verdade, os seres humanos são a coroa da criação (veja Sl 8.5). A sexualidade humana, portanto, é única.

Terceiro, *o sexo envolve todos os aspectos do nosso ser.* No plano de Deus, Ele criou Eva para "completar" Adão. Ela era realmente a "melhor metade" e preencheu o vazio da vida dele que nenhum dos animais pôde preencher.

---

* **N. do T.:** Ruth Westheimer (ou simplesmente Dra. Ruth, como passou a ser conhecida) tornou-se uma celebridade nos Estados Unidos por sua maneira peculiar de falar sobre sexo. É autora de diversos livros sobre sexualidade.

** **N. do T.:** Hugh Marston Hefner é o idealizador, fundador e editor-chefe da revista erótica Playboy.

Ela era osso dos seus ossos e carne da sua carne — em outras palavras, exatamente o que ele precisava! Tendo Adão percebido isso, Deus criou o casamento. "Portanto, deixará o varão o seu pai e a sua mãe, e apegar-se-á à sua mulher, e serão ambos uma carne" (Gn 2.24). O sexo envolve uma unidade total com nossos cônjuges, exatamente como se fez com aquele primeiro casal: fisicamente, sim, mas também psicológica, emocional e espiritualmente.

Essa é uma das razões por que o sexo antes do casamento não é saudável — porque traz as pessoas a uma intimidade planejada exclusivamente para o casamento. Ele cria uma ligação que foi projetada apenas para o casamento. É por isso que o *sexo requer limites*, nosso quarto ponto. Deus criou o sexo como um ato sagrado entre duas pessoas comprometidas uma com a outra na aliança do relacionamento do casamento. Por ser sagrada, a expressão de amor e unidade entre um marido e sua esposa deve ser protegida e honrada. "Venerado seja entre todos o matrimônio e o leito sem mácula" (Hb 13.4).

Mas a união sexual aprofunda-se ainda mais.

É um Símbolo de Deus

A relação sexual entre o marido e a esposa simboliza a maneira como Deus interage com seu povo. Como um ato de extremo amor, Deus busca intimidade conosco. Você consegue ouvir o coração do amante na maneira como Deus se dirige a Israel através do profeta Ezequiel:

> E, passando eu por ti, vi-te, e eis que o teu tempo *era* tempo de amores; e estendi sobre ti a ourela do meu manto e cobri a tua nudez; e dei-te juramento e entrei em concerto contigo, diz o Senhor JEOVÁ, e tu ficaste *sendo* minha. Então, te lavei com água, e te enxuguei do teu sangue, e te ungi com óleo. Também te vesti de bordadura, e te calcei com *pele* de texugo, e te cingi de linho fino, e te cobri de seda. E te ornei de enfeites e te pus braceletes nas mãos e um colar à roda do teu pescoço. E te pus uma joia na testa, e pendentes nas orelhas, e *uma* coroa de glória na cabeça. E *assim* foste ornada de ouro e prata, e a tua veste *foi* de linho fino,

e de seda, e bordadura; nutriste-te de flor de farinha, e de mel, e de óleo; e foste formosa em extremo e foste próspera, até chegares a ser rainha (Ez 16.8-13).

Deus tratou sua aliança com Israel como um casamento. Alguns intérpretes veem Cantares de Salomão no Antigo Testamento não apenas como uma declaração poética do amor de Salomão por sua esposa, mas também de Deus por seu povo. O Novo Testamento descreve a Igreja como a noiva de Cristo.

Assim, o sexo entre o marido e a esposa tem uma santidade adicional de simbolizar o grande e íntimo amor de Deus por suas criaturas. Portanto, sexo fora do casamento é o equivalente à idolatria.

Como proteger a santidade do casamento? Devemos prestar atenção às Escrituras e fugir da tentação sexual. Como? Correndo dela como se fosse uma doença mortal; reconhecendo a "pureza" do sexo como Deus planejou; e protegendo-o de ataques violentos da sociedade que reduziu o sexo a um "passatempo" passional.

O SEXO CULTURAL

Apesar de Deus ter dado o sexo aos casais como um presente sagrado, nossa cultura depreciou esse presente. Para muitos, o sexo tornou-se nada mais do que atividade recreativa, uma alegre diversão não relacionada a qualquer tipo de amor ou comprometimento.

A minoria das pessoas que são casadas há muito tempo concordam que é mais difícil manter o casamento saudável hoje em dia do que há duas décadas. O ambiente cultural exerce uma tremenda pressão sobre os maridos e as esposas.

Como o mundo entrou num novo milênio, o entrevistador George Gallup examinou as tendências que estavam influenciando os casamentos e que continuariam a ter efeito no século XXI. A pesquisa mostrou claramente as pressões que se constroem contras as famílias e os lares.

Estilos de Vida Alternativos

A primeira tendência cultural que ameaça o casamento é um aumento dos "estilos de vida alternativos". De 1960 a 1997, o índice de casamentos nos Estados Unidos caiu em cerca de 30%.[3] O motivo-chave é que as pessoas estão cada vez mais vivendo juntas em outros tipos de união que não a relação tradicional marido-esposa. Gallup descobriu que o número de homens e mulheres vivendo juntos em união sexual aumentou em dez vezes de 1960 a 1998, com um crescimento de 50% nos anos 90.

Gallup informou que apenas um sexto desses relacionamentos durou mais do que três anos e apenas a décima parte durou uma década. Ele também descobriu que a probabilidade de que casais sexualmente unidos se casem decresceu, enquanto as chances de haver uma ruptura nesses relacionamentos anteriores ao casamento aumentaram em 20%.[4]

Estilos de vida alternativos incluem uniões e relacionamentos entre pessoas do mesmo sexo. O Havaí e Vermont são dois entre muitos estados norte-americanos onde há uma pressão em prol dos casamentos homossexuais. Gallup e outras organizações de pesquisa descobriram que a postura de muitos norte-americanos no que diz respeito à aceitação da homossexualidade é moderada, e assim a tendência provavelmente crescerá.

Imoralidade Sexual

A Gallup diz que a segunda ameaça ao casamento e à família é a imoralidade sexual. Tente pensar em algum momento nos últimos cinco anos em que uma novela ou filme na televisão tenha mostrado um casal, marido e esposa, em uma relação física. As chances mais prováveis são as de que o casal que você vê dormindo junto nas telinhas e nos telões *não* seja marido e mulher.

A infidelidade no casamento leva ao divórcio, e um lar incompleto normalmente prejudica os filhos. Nos casos mais graves, filhos sem seus pais em casa rebelam-se contra a sociedade. As estatísticas são chocantes:

- 72% dos assassinos adolescentes nos Estados Unidos vêm de famílias onde não há a figura do pai.

- 70% dos prisioneiros que cumprem uma longa pena são compostos por pessoas que cresceram em lares sem o pai.
- 60% das pessoas que cometem estupro foram criadas em lares em que o pai era ausente.[5]

Claramente, precisamos retornar às bases quando o assunto é sexo. Deus criou essa linda relação. Por quê? Obviamente para a procriação, o prazer e *para nossa proteção.*

Precisamos fugir da tentação sexual e da imoralidade e retornar ao "sexo puro". Como podemos fazer isso?

FIQUE LONGE DO TERRAÇO!

Você quer realmente fugir da tentação sexual? Então "fique longe do terraço".

Davi colocou-se em grandes apuros, primeiramente, por estar no lugar errado na hora errada. Enquanto Israel intimidava seus inimigos nos campos de batalha, o rei Davi preferiu ficar em casa. Em vez de liderar sua nação no período de guerra, ele caiu nas mãos de um inimigo mais poderoso que o exército oponente.

Depois, iniciou-se a sua atração física pela mulher de outro homem. Ele deleitou-se na doce visão que o terraço lhe oferecia naquela noite: Bate-Seba banhando-se. Mas não foi isso que o colocou em apuros. Davi se predispôs a pecar quando se permitiu continuar em sua visão cobiçosa. Conforme admirava a beleza de Bate-Seba, seu coração caía na armadilha da cobiça e do desejo.

Os Telhados no Trabalho, na Vizinhança e nos "Clubes"

Hoje em dia, muitos de nós — tanto homens quanto mulheres — encontramos nossos próprios terraços. Não precisamos espreitar lá fora para ver nossas "Bate-Sebas". Nosso ambiente de trabalho ou vizinhança pode ser um terraço. Eu sei de muitos homens e mulheres, inclusive daqueles que trabalham no ministério em tempo integral, que já lutaram contra pensamentos de cobiça por um (ou uma) colega de trabalho atraente e charmoso. Outros passaram pelo mesmo problema com um vizinho, amigo da família ou colegas.

Os homens precisam apenas dirigir até a cidade mais próxima que tenha o chamado "clube dos homens", caracterizados pela exposição de corpos femininos. Há também um número crescente de clubes para mulheres onde dançarinos deixam pouco para a imaginação.

O Terraço On-line

Mas talvez o nosso equivalente mais próximo do olhar de Davi para Bate-Seba esquadrinhe-se na tela fria e azul do computador, cheia de pornografia. Uma enorme quantidade de pessoas passa as noites como Davi passou aquela noite fatal — com o olhar fixo, contemplativo e fantasioso sobre aquilo que está vendo.

Com a chegada da Internet, não é nem mesmo preciso deixar o ambiente amigável de casa para dar uma volta no "terraço". Um homem que trabalha na indústria de computadores me disse recentemente que em apenas um ano os norte-americanos pagaram $1,4 bilhão pelo conteúdo da Internet. E desse $1,4 bilhão, mais de 70% foram para pagar conteúdo "adulto". É gasto aproximadamente $1 bilhão de dólares por ano apenas com material livre de impostos. E tudo isso à espera no conforto de seu próprio escritório ou gabinete, facilmente disponível a quem quiser ver!

Não se precisa ser Einstein para perceber como isso pode devastar a intimidade sexual e a confiança entre marido e mulher. Não consigo nem começar a lhe dizer a quantidade de casamentos que vi lesados, ou até mesmo arruinados, pelos efeitos da pornografia. É tão fácil racionalizar: *Eu na verdade não toquei em outra mulher. Eu apenas olhei.*

Cuidado com esse tipo de mentalidade! Quando permitimos que nossa mente vá sexualmente a algum lugar que não aquele para o qual Deus deseja que apontemos nosso foco — nossos cônjuges —, é só uma questão de tempo até que nossos corpos sigam o mesmo caminho. Veja um exemplo do mundo das drogas. Algumas pessoas dizem (ou insistem em) que a busca de um escape através do uso de drogas, tais como a maconha, leva ao uso de químicas "mais pesadas", como heroína e cocaína. Quase todos os usuários de heroína ou cocaína começaram o uso de drogas com narcóticos "mais leves".

Eu acredito que acontece o mesmo com o sexo. Um homem que assiste à pornografia e entra em bate-papos de sexo pode não perceber que está criando um insaciável anseio por mais. Em breve, aquilo que era apenas virtual pode se tornar físico. É apenas uma questão de tempo até que permita que seu corpo vá para onde sua mente já viajou.

O Pecado do Terraço On-line

Eu recebi uma carta de um homem que conheci há mais de quinze anos. Há um tempo, esse homem caminhava com Deus. Ele e sua esposa professavam Cristo e eram muito ativos na igreja. Mas de alguma forma ele se deixou arrastar para um mundo de pecado e tragédia que começou com algumas "diversões inocentes" na Internet.

Nas letras digitadas de muitas páginas, ele confessou como se tornou sexualmente frustrado em seu casamento e começou a procurar uma saída. Como cristão, não queria ter um caso de adultério. Em vez disso, tentou um alívio "seguro" para suas frustrações: a Internet.

Esse homem começou a assistir a todo tipo de material pornográfico. Ele também passava tempo em salas de bate-papo para adultos onde participava de conversas sexuais obscenas com pessoas totalmente estranhas. Não muito tempo depois de começar a usar a Internet, "conheceu" uma mulher de outro estado, que tinha problemas conjugais parecidos com os dele. Eles "batiam papo" regularmente pelo computador, trocavam fotos e eventualmente se falavam ao telefone. Suas conversas pareciam livres e naturais, e logo se tornaram sexuais. Depois de algumas semanas, eles deram o próximo passo que parecia ser mais lógico: decidiram encontrar-se pessoalmente. E imediatamente começaram um caso de adultério.

Eu queria poder dizer que esse homem percebeu que estava errado, que se arrependeu e que começou a trabalhar para reparar o dano que causara ao seu casamento. Mas isso não aconteceu. Convencido de que estava "apaixonado", divorciou-se de sua esposa, deixando-a sozinha para cuidar de seus filhos. Sua amante fez o mesmo, e os dois rapidamente se casaram.

Jesus certa vez disse a seus discípulos que quem olhasse para uma mulher para a cobiçar, já havia cometido adultério em seu coração (Mt 5.28). Sua afirmação deveria nos alertar para guardarmos nossos olhos, nossas mentes e nossos corações das coisas que podem nos levar à cobiça. Mas isso também faz supor que nosso Senhor sabia algo a respeito de como a mente e o coração podem levar o corpo a cometer atividades destrutivas.

Portanto, com sua mente, com seus olhos, com seu coração e com seu corpo — *fuja* da tentação sexual.

FUGIR PARA ONDE?

Eu amo a maneira como Deus sempre nos mostra um lugar aonde ir. A fim de livrar-se da cilada da tentação sexual e construir casamentos felizes e bem-sucedidos, precisamos fugir para a intimidade profunda, genuína e bíblica com nossos cônjuges.

A intimidade sexual leva tempo. Esta é a lição-chave do maior manual de sexo já escrito: a Bíblia, e em destaque Cantares de Salomão, um pequeno livro que o Espírito Santo escondeu no Antigo Testamento. Muitos homens e mulheres de Deus por toda a história tiveram problemas com esse pequeno livro; alguns estudiosos da Idade Média chegaram se perguntar se ele devia mesmo ter sido incluído na Bíblia.

Algumas pessoas alegam que o livro de Cantares de Salomão é uma visão meramente alegórica do amor de Deus por seu povo, do amor de Cristo por sua Noiva, a Igreja. Ao mesmo tempo em que acredito que haja uma alegoria ali, também vejo-o como tendo valor literal. É um trabalho fabuloso que usa uma linguagem vívida e sensual para descrever o ideal de Deus de romantismo e amor íntimo entre o marido e sua esposa.

Cantares de Salomão oferece uma prova clara de que Deus tanto planejou quanto criou o sexo e a intimidade sexual dentro do casamento. Ele nos mostra uma quantidade memorável de amor passional entre Salomão e sua esposa, a Sulamita. Cantares de Salomão nos dá uma bela imagem de amor e intimidade crescentes e maduros. E nisso descobrimos princípios práticos para se construir uma intimidade sexual.

UMA QUESTÃO DE TEMPO

Intimidade Leva Tempo

A intimidade sexual demanda tempo. No primeiro capítulo de seu livro, Salomão nos dá uma ideia clara do amor que havia entre ele e a Sulamita quando estavam juntos. Note que Salomão a descreve apenas do pescoço para cima, porque isso era tudo o que ele podia ver. Eles ainda não eram casados, por isso o resto do corpo dela permanecia coberto.

No capítulo 4, Salomão e a Sulamita já estavam casados há um certo tempo, e assim a descrição torna-se mais íntima e detalhada. Salomão escreve a respeito dos olhos, dos cabelos e dos seios de sua esposa — coisas que um homem apaixonado aprecia em sua amada.

Quando chegamos ao capítulo 7, Salomão e a Sulamita escrevem juntos uma história semelhante à de todos os casais casados. Eles passam por tempos de crise, sofrimento e problemas, mas seu amor sobrevive e prospera. Daí, Salomão elogia sua esposa do topo da cabeça à planta dos pés. Eles já haviam passado bastante tempo juntos e cresceram em intimidade. Apenas com o tempo um casal pode alcançar uma proximidade como essa.

A Intimidade Requer o Momento Certo

Certa manhã, Salomão insinuou-se para a Sulamita, ao que ela respondeu: "Não esta manhã, querido. Ainda é muito cedo". Aparentemente Salomão esqueceu-se de consultar seu relógio solar. E então se afastou com passos pesarosos.

Mais ou menos uma hora depois, sua esposa está totalmente acordada e agora deseja estar com Salomão. Por isso ela vai à procura dele. Mas os relógios sexuais deste marido e de sua esposa não estavam sincronizados neste dia em particular, e por isso ambos perderam uma oportunidade dourada de desfrutar sua intimidade sexual.

Se em estado real a questão é o lugar, o lugar, o lugar, então no sexo a questão é o momento, o momento, o momento, isto é, comunicação em momento oportuno.

Cantares de Salomão abrange tanto um discurso quanto um intercurso. Para desenvolver uma intimidade profunda, duradoura e passional em seu casamento, você precisa se comunicar. Observe o revezamento entre Salomão e sua esposa. Eles falam um com o outro usando termos amorosos e códigos de intimidade reservados ao romance deles.

Só recentemente é que a "relação sexual" foi reduzida simplesmente ao ato sexual. Nos tempos antigos, a palavra referia-se a várias maneiras de interação entre indivíduos. A relação sexual verbal entre Salomão e a Sulamita é tão excitante e vibrante quanto seus abraços na cama. Na verdade, sua troca verbal de romantismo aumenta seu prazer sexual físico.

Cantares de Salomão mostra que Deus deseja que o sexo entre o marido e a esposa seja excitante e prazeroso. Seria bom para os casais lerem o livro juntos.

A Intimidade Requer Momentos em que Possam Estar a Sós

Algumas pessoas dizem que a maneira mais eficaz de acabar com a intimidade no casamento é tendo filhos. Embora ter uma família torne a manutenção da intimidade no casamento um desafio, isso não precisa ser uma profecia do fim da intimidade.

Os filhos são uma bênção maravilhosa do Senhor, mas também nos tomam um bocado de tempo. A maioria dos cristãos tem um emprego e tende a ter outras responsabilidades na vida, inclusive às da igreja, outras com os amigos e com a família. Isso pode levá-los a ter uma agenda de compromissos muito abarrotada, e quando a agenda se junta às responsabilidades de pai e mãe, a situação pode parecer esmagadora. Encontrar intimidade em tais condições não é fácil, mas eu posso lhe dizer por experiência própria que é possível!

Um dos meios de o casal encontrá-la é reservando tempo um para o outro e planejar passar um tempo longe da correria do dia a dia da família. Salomão sabia da importância de se retirar:

> Vem, ó meu amado, saiamos ao campo, passemos as noites nas aldeias. Levantemo-nos de manhã para ir às vinhas, vejamos se florescem as vides, se abre a flor, se já brotam as romeiras; ali te darei o meu grande amor (Ct 7.11,12).

Salomão e a Sulamita sabiam o que muitos casais de hoje em dia esqueceram: às vezes vocês precisam apenas dar uma saída e passar algum tempo juntos, sem distrações. Reservem um tempo para "sair ao campo", para "passar as noites nas aldeias" e para focar sua atenção um no outro. Isso permite que a verdadeira intimidade no casamento continue a crescer.

CONSTRUINDO A INTIMIDADE CONJUGAL SOBRE A ROCHA

Nosso mundo está cheio de todo tipo de armadilhas conjugais e minas terrestres. Alguns casamentos não apenas sobrevivem neste mundo de tentações, mas prosperam nele. Como é que eles fazem isso?

Jesus responde à questão em sua parábola dos dois fundamentos. O Senhor nos fala de duas casas: uma construída sobre a rocha, que resiste à tempestade, e outra construída sobre a areia, que é logo destruída. A mesma tempestade se abateu sobre as duas casas, com a mesma intensidade do vento, a mesma chuva torrencial e inundações (veja Mt 7.24-27). As fortes ventanias balançaram as estruturas, a chuva golpeou as superfícies do solo e as águas infiltraram-se nos fundamentos. Todos os pontos da construção foram atacados.

O mesmo acontece com nossos casamentos. A tentação sexual ataca todos os pontos da estrutura conjugal, chegando a todos os pontos do seu alicerce. Como podemos construir algo que sobreviva a essa tempestade?

Paulo escreve que "pus eu, como sábio arquiteto, o fundamento, e outro edifica sobre ele; mas veja cada um como edifica sobre ele. Porque ninguém pode pôr outro fundamento, além do que já está posto, o qual é Jesus Cristo" (1 Co 3.10,11).

Quando construímos nosso casamento sobre a rocha de Jesus Cristo e seus princípios, ele resiste a todo tipo de vento que soprar — até mesmo ao vendaval selvagem da tentação sexual.

Você pode estar se perguntando: *E o meu casamento? Ele está sobre um solo instável e está sendo infiltrado pela tempestade! O que eu devo fazer?* Vou lhe dar alguns conselhos práticos, de fácil compreensão e confortantes.

QUANDO SE CHEGA AO FUNDO DO POÇO...

Já ouvimos isso em inúmeras situações: "Quando se chega ao fundo do posso, não há outra coisa a se fazer, senão começar a subir". Algumas almas bem intencionadas já partilharam essas palavras conosco em um momento ruim — quando estamos inconsoláveis, quase desistindo. Por causa de sua familiaridade, talvez não tenhamos atentado à verdadeira profundidade por trás dessa afirmação.

Assim como um técnico encorajaria seu time a se levantar e voltar aos princípios a fim de superar a derrota, Deus faria com que revíssemos alguns dos princípios básicos que Ele nos deu. A Bíblia é cheia de verdades e promessas de Deus. Certas pessoas passam direto por elas; outras são conscientes de seu conteúdo e do contexto ou princípio da passagem.

Três dessas verdades podem nos ajudar a sair do poço dos desafios da vida — e nos ajudar até mesmo com as tempestades mais fortes e feridas mais profundas. Elas são: (1) Deus tem um *plano* para as nossas vidas; (2) Deus está *presente* em nossas vidas; (3) a *proteção* de Deus guarda nossas vidas. Em nenhum outro lugar essas promessas são mais bem vistas trabalhando juntas do que em uma das minhas passagens favoritas do Antigo Testamento, Isaías 43.1-3*. Na verdade, eu recomendaria a você que imprimisse Isaías 43.1-3 num pôster e o pendurasse em todas as paredes — do quarto, da sala e até mesmo do banheiro.

O Plano de Deus

Através do profeta Isaías, Deus diz a seu povo: "Não temas, porque eu te remi; chamei-te pelo teu nome; tu és meu" (Is 43.1). Que palavra tremenda! Deus diz "não temas". Por quê? Porque Ele nos remiu por meio de Jesus Cristo. E aqueles que conhecem Jesus estão no plano de Deus. Ele nos conhece pelo nome — na verdade, Ele sabe o dia dos nossos aniversários, nossos endereços, nossos números de identidade, nossos números de telefone, até mesmo os que não estão na lista telefônica. Deus sabe o

---

*** N. do T.:** "Mas, agora, assim diz o Senhor que te criou, ó Jacó, e que te formou, ó Israel: Não temas, porque eu te remi; chamei-te pelo teu nome; tu *és* meu. Quando passares pelas águas, estarei contigo, e, quando pelos rios, eles não te submergirão; quando passares pelo fogo, não te queimarás, nem a chama arderá em ti. Porque eu *sou o* Senhor, teu Deus, o Santo de Israel, o teu Salvador; dei o Egito *por* teu resgate, a Etiópia e a Sebá, por ti." (Is 43.1-3)

número de fios de cabelo de nossas cabeças! Então, relaxe. Não tenha medo. Deus tem um plano para a sua vida e para o seu casamento.

Vamos incorporar os momentos de tumulto em seu casamento ao plano dEle assim como também os momentos de "atrito" entre você e seu cônjuge. Os maus tempos vêm quando um homem e uma mulher, agindo em liberdade, fazem as escolhas erradas. Deus não causa a ruptura de relacionamentos, mas Ele usará as experiências da sua vida para o bem e para sua própria glória (veja Rm 8.28,29).

Por exemplo, através do trágico acontecimento de 11 de Setembro de 2001, aprendemos com a reveladora história de Todd e Lisa Beamer. Esse jovem casal causou um impacto nos Estados Unidos com a beleza de seu testemunho cristão; ele com a morte e ela com a vida. Quando o avião sequestrado em que estava atravessou a capital dos Estados Unidos, Todd Beamer inspirou a seus colegas passageiros e, depois, a todos nós com suas palavras finais: "Vamos derrubá-lo!" Todd morreu naquele dia quando ele e outros passageiros heróicos conseguiram desviar de Washington, Capital Federal dos Estados Unidos, o ataque dos seqüestradores, causando a queda do avião da United Airlines em uma área não-povoada fora de Shanksville, na Pensilvânia.

Desde aquele trágico dia, sua viúva, Lisa Beamer, inspirou os norte-americanos com sua fé e esperança. Lisa sabe que Deus tem para cada um de seus filhos um plano que nem a morte nem a vida podem frustrar. Ela confiou em Deus para que guiasse seu casamento. Menos de um ano depois da morte de seu marido, ela disse: "Minha fé ao menos me mostra um pouco da perspectiva de Deus sobre nosso mundo e sobre minha vida, e nisso há um grande propósito para todas as coisas".[6] Lisa usou as palavras de um pastor e escritor do século XIX, Henry Van Dyke, para expressar sua própria confiança no plano de Deus:

> Em alguns domínios da natureza, as sombras ou a escuridão são os lugares de maior crescimento. O belo grão indiano não cresce mais rapidamente em outro lugar do que na escuridão. O sol deixa as suas folhas murchas e onduladas, mas quando uma nuvem esconde o sol,

elas rapidamente se desdobram. As sombras fazem um trabalho que a luz do sol não consegue fazer.

Quando seu casamento esmorece por causa da tentação e de suas consequências, está na hora de descansar em seu Pai, que diz: "Não temas". É hora de confiar que na escuridão, Ele está fazendo algo grandioso de acordo com o plano que preparou para sua vida.

A Presença de Deus

Deus declarou por meio de Isaías: "Quando passares pelas águas, estarei contigo" (Is 43.2). Muitos casais são como Simão Pedro quando caminhou sobre as águas. Você se lembra da história? (Veja Mt 14.22,23). Jesus andou sobre o mar da Galileia para juntar-se aos seus discípulos no barco. Em seu entusiasmo, Pedro perguntou se também poderia andar sobre as águas. Jesus disse: "Vem". Pedro pulou do barco para a água. Ele agiu grandiosamente por um instante, até o momento em que tirou seus olhos de Jesus e prestou atenção no vento e nas ondas que o cercavam. Muitas noivas e noivos já pularam para fora da segurança da casa de seus pais e, como Pedro, andaram sobre a turbulência que os cercava — até que o desenrolar de problemas prendeu sua atenção e começaram a afundar na falta de esperança, no desespero e na separação. Muitos chegaram a afundar até no divórcio.

O risco para aqueles cujos casamentos estão afundando é o mesmo risco pelo qual passou Simão Pedro. Ele estendeu as mãos e gritou: "Senhor, salva-me!" Jesus, que estava próximo, agarrou-o e o puxou para cima.

Se seu casamento está se afogando nas profundezas por causa da tentação, dos problemas, de tumultos, lembre-se: Jesus está perto de você assim como estava de Simão Pedro naquela noite no mar da Galileia.

A Proteção de Deus

Deus promete nos proteger em todos os momentos, quer você esteja sobre águas quer esteja afundando. Ele continua com sua promessa em Isaías 43, dizendo que quando você passar "pelos rios, eles não te submergirão. [Mesmo] quando passares pelo fogo, não te queimarás, nem a chama arderá em ti" (v. 2).

Observe que Deus não disse "quando passares *perto dos* rios... do fogo... das chamas". Ele disse quando você passar *por* esses lugares e condições perigosos. Nenhum de nós sabe o que teremos que encarar, mas há um perigo certo pelo qual alguns de nós certamente passaremos ao atravessar rios, inundações e fogos ardentes. Deus é franco e honesto acerca da dor que nos ameaça, mas Ele é igualmente sincero quanto à promessa de proteção em meio a esses sofrimentos.

É também preocupante que Deus se refira à passagem pelo fogo não como uma corrida rápida, mas como uma *caminhada**. Uma corrida poderia significar apenas alguns momentos de calor, mas uma caminhada pode significar meses, até mesmo anos.

ESCALANDO O POÇO...

Para um homem chamado Lewis, a caminhada durou cinco anos. Uma misteriosa doença começou seu curso vagaroso e destrutivo pelo corpo de sua esposa. Num primeiro momento, parecia que acabaria rapidamente, mas não foi assim. Dia após dia, semana após semana, mês após mês, ano após ano — sua esposa lentamente o deixava.

Lewis viveu seus dias com trabalho duro, tentando conquistar a vida. Suas noites foram dedicadas aos cuidados com sua esposa. Não havia fins-de-semana divertidos. Apenas mais tristeza, mais dor.

No auge de tudo, Lewis era um homem saudável, ainda sexualmente vivo. A tentação o espreitava. Vozes sussurravam que sua esposa, para fins práticos, já estava morta, e por isso não seria pecado algum entrar num relacionamento sexual com outra mulher. Lewis lutou com a autopiedade: *Dói tanto assistir a minha esposa morrer. Por que eu tenho que sofrer também por causa desse desejo?* A lógica parecia tão simples, tão correta.

Mas Lewis não se rendeu. Algo em seu coração o manteve fiel à sua esposa, agora em coma. O "algo" que fez com que Lewis continuasse fiel

---

*** N. do T.:** O uso do termo "caminhar" aqui refere-se à versão inglesa da Bíblia *American Standard Version*, de 1901, que usa nesta passagem o verbo *to walk* ("when thou *walkest* through the fire" — Is 43.2), que literalmente traduz-se por "andar" ou "caminhar". Na versão em língua portuguesa *Almeida Revista e Corrigida*, de 1995, o verbo é traduzido pelo vocábulo *passar*.

foi sua própria *fidelidade à aliança do casamento* que ele fez com sua esposa uma década atrás e seu *compromisso* com Deus.[7]

Foi uma caminhada pelo fogo lenta e longa para Lewis. Mas quando sua esposa morreu, ele permaneceu com grande honra diante do caixão, consciente de que havia mantido a aliança de fidelidade, ainda que pessoas próximas a ele lhe tenham dito que ele não tinha mais a obrigação.

É assim que subjugamos o fogo da tentação. Agarramo-nos a Deus, mesmo quando não podemos mais estar próximos ao marido ou à esposa que nos abandonou ou que nos foi infiel. Essa intimidade com o Pai nos tornará capazes de andar vitoriosos pelo fogo. E nem mesmo o cheiro da fumaça restará em nós!

REFLETINDO SOBRE SEU RELACIONAMENTO

1. Escreva sua definição de sexo. Sua compreensão de sexo tem mais a ver com o sexo originalmente "planejado" ou com o sexo "cultural?"
2. Que "terraços" mais o tentam? Qual é o seu plano de fuga dessa tentação?
3. Qual é o grau de intimidade (sexual, emocional e espiritual) em seu casamento? O que você e seu cônjuge podem fazer para aumentá-lo?
4. O seu casamento está construído sobre a rocha ou sobre a areia? Explique.

UMA PALAVRA PESSOAL

Perdoarás o teu Cônjuge — 490 Vezes e ainda mais

Nunca dê um ultimato ao seu cônjuge. Quando dois se tornam um — isso é casamento — você está comprometido a perdoar a sua "melhor parte" por toda a vida. Pare de rechaçar seu marido ou esposa com o "ontem"! Este capítulo lhe dirá comc perdoar genuinamente.

— E.Y.

Mandamento 7

Perdoarás o teu Cônjuge — 490 Vezes e ainda mais

O casamento de Bob e Mary só lhes trouxe miséria. Eles discutiam quase que continuamente, seus filhos constantemente se rebelavam e a casa com frequência parecia um chiqueiro. Eles tinham opiniões diferentes a respeito da vida, sobre o casamento e sobre a criação dos filhos. Com o tempo, seu lar mal estruturado encheu-se de ira, amargura e brigas. Uma tragédia maior parecia inevitável.

O trabalho de Bob como representante de vendas tirava-o da cidade duas ou três noites por semana. Em uma de suas viagens, conheceu uma jovem divorciada chamada Shirley. Eles saíram juntos para jantar "só para bater um papo", e logo tiveram um caso. Quando Mary descobriu, confrontou Bob — e ele prontamente saiu de casa.

Levou apenas alguns meses até que Bob descobrisse que não amava Shirley. No fundo do seu coração, não obstante os problemas de casa, ele sabia que ainda amava sua esposa. Queria desesperadamente resolver a situação, mas se perguntava se Mary o perdoaria.

Apesar de ter sido Bob quem cometera o adultério, tanto ele quanto Mary precisavam liberar perdão. O caso decorreu simplesmente de anos de negligência, aspereza, egoísmo e indiferença. Ambas as partes teriam muito que trabalhar para salvarem seu casamento.

UMA QUESTÃO DIFÍCIL

Muitos casais hoje enfrentam a mesma situação penosa que Bob e Mary encararam: o nosso casamento pode sobreviver ao adultério? A questão tem muito a ver com o meu sétimo mandamento do casamento: Perdoarás o teu cônjuge — 490 vezes e ainda mais.

Ao longo dos anos conversei com maridos e esposas e descobri que para eles nada é mais difícil do que perdoar o adultério. Um ato de infidelidade consegue abalar a confiança e separar casais como nenhum outro erro consegue.

É claro, ninguém simplesmente acorda numa bela manhã e diz: "Acho que vou ter um caso hoje". Que fatores contribuem para o desenvolvimento de uma relação extraconjugal?

Proximidade

Para muitos que caem na armadilha do adultério, havia alguém no trabalho, ou nos campeonatos escolares, ou nos tempos de faculdade. Gradualmente, a proximidade que era apenas um fator espacial torna-se proximidade no coração e na alma. Frequentemente acontece como no caso de "Bob e Mary", em que a proximidade acabou levando a uma aproximação maior: a união física. Assim, duas pessoas feridas acabam ferindo outras também.

Problemas

Toda família tem problemas, desde o estressante relacionamento com os filhos até as discordâncias, apesar disso o lar deve ser mantido. Como resultado, frequentemente o relacionamento sexual do casal esmorece.

Algumas pessoas passam pelo que só dá para ser descrito como "loucuras da meia-idade". Um homem em tal situação atormentadora tenta provar sua *virilidade*, enquanto a mulher, na menopausa, quer mostrar que é *desejada*.

Outros problemas advêm de erros — ou até mesmo do sucesso. Indivíduos frustrados são indivíduos feridos, e buscam autoafirmação e aperfeiçoamento moral. Às vezes sentem-se envergonhados demais para voltar ao seu cônjuge, então procuram outra pessoa que lhes possa "entender". E, se conseguir, a pessoa pode receber reconhecimento e sorrisos calorosos de conhecidos do sexo oposto. A atenção e os elogios podem se tornar sedutores.

A Filosofia da Playboy

A filosofia da *Playboy* pode ser resumida assim: se algo faz com que alguém se sinta bem, deve ser aceito. Nós devíamos reconhecer e desfrutar os prazeres da vida.

Essa é uma filosofia errônea e destrutiva, mas se tornou padrão cultural. Algumas pessoas até tentam pintar essa perspectiva distorcida com a tinta branca da "espiritualidade". Dizem que já que toda necessidade biológica que temos vem de Deus, é correto satisfazê-la — na verdade, esse seria quase que nosso dever sagrado.

Essa cultura propagada abrange os traidores sexuais. E as "pessoas comuns" que não atuarem no atraente nível de êxito sexual, podem muito bem sentir sua própria identidade sob ataque.

RESPONDENDO A QUALQUER ERRO

É claro, há outros erros que podem causar alienação. Ainda que o marido e a esposa se mantenham "fiéis" sexualmente um ao outro, continuam ferindo-se com ataques de insensibilidade e descaso, momentos de egoísmo e palavras cruéis. A menos que as coisas mudem, o redemoinho de magoas continuará.

Podemos responder ao outro de muitas formas ineficientes (e às vezes prejudiciais). Alguns cônjuges que foram traídos simplesmente *retaliam* e tomam uma atitude "olho por olho". "Você me paga!" — dizem. E a esposa também diz: "Você me deixou três noites com as crianças esta semana. Estou cansada de ficar aqui enquanto você sai com seus colegas, e depois vem dizer que precisa descansar. Agora eu é que vou sair para visitar *minhas* amigas. Na segunda-feira vou visitar a Suzana, na quarta a Samira e na sexta a mamãe".

Outros respondem fazendo uma *rebelião.* "Tudo bem, Jorge, só não espere que eu limpe a casa e ponha as crianças para dormir na semana que vem. Você consegue fazer tudo sozinho". Se a ofensa for o adultério, ela ou ele diz: "Vou embora daqui! Vou chamar um advogado. Acabou". Aquele que quer "ir embora" poderia até mesmo justificar a sua decisão relembrando que a Bíblia lista o adultério como uma das razões para o divórcio. Poderia até mesmo ligar ou visitar o pastor ou o conselheiro para que, quando o divórcio ocorresse, a "vítima" se sentisse justificada porque todos os esforços para salvar o casamento já teriam sido feitos.

Ainda outros respondem com *acomodação. Bem, acho que os homens são assim mesmo*, a esposa diz a si mesma. *Agora vou colocar as crianças para dormir e ler alguma coisa.* Mas todas as noites ela se sente abandonada e o ressentimento cresce. A amargura começa a se desenvolver e o casamento começa a ficar tenso. E seu marido talvez nem mesmo entenda o porquê.

A acomodação é a mais triste reação ao adultério. A parte ofendida simplesmente aceita o comportamento do seu cônjuge. Assim, marido e esposa convivem num tipo de existência "você cuida das suas coisas, e eu das minhas". "Vamos continuar pagando as contas, alimentando e vestindo nossos filhos e aparentar que tudo vai bem."

Essas três respostas causam tanta destruição quanto o erro em si. Mas há uma resposta certa — a resposta que Deus verdadeiramente abençoa.

Ele a chama de *perdão.*

TRILHANDO O CAMINHO DO PERDÃO

Como podemos lidar melhor com as imperfeições, fluências e pecados que entram em nosso casamento? A palavra de ação tem que ser "perdão". Todos nós precisamos cultivar um estilo de vida perdoador, uma mentalidade que perdoe consistente e incondicionalmente.

O Antigo Testamento mostra um exemplo comovente de perdão e aceitação incondicionais da parte de um homem. Seu nome era Oséias; sua mulher era Gomer. Neste caso, a transgressão conjugal foi severa — adultério. E o grau de perdão teria que ser alto. Como Oséias foi capaz de perdoar sua mulher?

Deus instruiu Oséias a casar-se com ela, mesmo sendo Gomer uma mulher desobediente (Os 1.1-3). Aparentemente, os primeiros estágios de seu casamento com Oséias eram abundantes em amor, comprometimento e alegria mútuos. Gomer deu à luz três filhos de Oséias, mas logo teve um caso adúltero, e depois outro e mais outro.

Em um dado momento, Gomer abandonou Oséias. Ela se vendeu como prostituta e logo se tornou escrava. Quando seu mestre a pôs à venda, ninguém quis comprá-la — exceto um homem. Em um ato de perdão, graça, amor incondicional e imortal, Oséias comprou Gomer e a levou de volta para casa, não como uma escrava, mas para ser novamente sua esposa (Os 3.1,2). Ele ouviu a voz de Deus para restaurar sua esposa e obedecer a Deus (veja o versículo 3, onde ele diz a sua esposa que volte a ser fiel).

A história de Oséias e Gomer relata o amor e o perdão incondicionais de um homem por sua esposa e nos dá uma revigorante imagem do amor de Deus por seu povo desobediente e espiritualmente adúltero. É a história de um amor que se recusa a deixar ir embora.

O tipo de perdão que Oséias ofereceu à sua esposa, é o que Deus quer que ofereçamos uns aos outros, especialmente aos nossos cônjuges. Séculos depois dos tempos de Oséias, Jesus explicou o perdão. Quando Pedro perguntou a Jesus: "até quantas vezes pecará meu irmão contra mim, e eu lhe perdoarei? Até sete?" Jesus respondeu: "Não te digo que até sete; mas até setenta vezes sete" (Mt 18.21,22).

Eu imagino que Simão Pedro teria sido um bom texano, pelo menos de acordo com os estereótipos populares. Ele podia ser impetuoso, orgulhoso, bravo e ocasionalmente beligerante. Nesta ocasião, Pedro queria mostrar ao Senhor quão bem entendia a ideia de perdão. "Se alguém me ofende e eu o perdoo sete vezes pela mesma ofensa", gabando-se, disse ao Senhor, "já não é o bastante?"

Os rabinos daqueles tempos exigiam que os judeus perdoassem uma ofensa até três vezes. Muito tempo antes de alguém pensar em inventar o basebol, esses líderes religiosos criaram a cena "três arremessos, você está fora". Uma vez tendo perdoado alguém três vezes a mesma ofensa, sua obrigação de perdoar expirava.

Pedro poderia também ter dito a Jesus: "Senhor, sete vezes é o dobro da exigência legal mais um. Isso não deveria já ser o suficiente?"

Sem dúvida o rude pescador esperava que Jesus dissesse: "Pedro, que grande e gracioso homem você é! Você aprendeu a mensagem do Reino de Deus melhor do que qualquer outra pessoa!" Mas não foi isso que Jesus respondeu.

"Não, Pedro", disse o Senhor, "não perdoe apenas sete vezes. Perdoe setenta *vezes* sete".

Isso dá 490 vezes!

A sabedoria de Jesus nos deixa estonteantes com sua profundidade. Ele queria dizer a Pedro — e a todos nós — que o perdão não é uma decisão única, dupla ou mesmo sétupla, mas um modo de vida. É isso o que acontece: se você perdoa alguém 490 vezes, quando estiver próximo ao número 300, você adquire o hábito de perdoar. O perdão deve ser habitual, uma prática que se torna natural.

E, sem dúvidas, deve se tornar uma parte do casamento saudável em crescimento.

SABOREIE AS PEQUENAS COISAS

Por agora, você pode estar pensando que o perdão tem tudo a ver com grandes problemas (como o adultério). Você pode, além disso, concluir que este capítulo não se aplica a você. Pode ter decidido que você não precisa cultivar a habilidade de perdoar, já que maiores ofensas simplesmente não ocorrem em seu casamento. Talvez seu marido ou esposa não "pule a cerca", não beba, não amaldiçoe ou não abuse fisicamente da família.

AQUELAS RAPOSINHAS

É fácil nesses tipos de relacionamento permitir que pequenas coisas fiquem lá, imperceptíveis ao radar conjugal, até surgirem como pontos de luz gigantescos piscando na tela — tudo porque pensamos que pequenas ofensas não devem ser perdoadas.

A esposa do rei Salomão compreendia o perigo dos problemas "menores". Ela escreveu um soneto de amor ao marido em que o descreve como uma doce criatura procurada por sua mulher. Ouça seu longo clamor:

"Pomba minha, que andas pelas fendas das penhas, no oculto das ladeiras, mostra-me a tua face, faze-me ouvir a tua voz, porque a tua voz é doce, e a tua face, aprazível" (Ct 2.14).

A partir daí, segue-se um estranho apelo: "Apanhai-me as raposas, as raposinhas, que fazem mal às vinhas, porque as nossas vinhas estão em flor" (v. 15).

A esposa de Salomão usou a colheita como metáfora para o relacionamento de amor que ambos compartilhavam. Ela não parecia nem um pouco preocupada com o vento, a chuva ou outras "grandes" ameaças que pudessem destruir a colheita. Em vez disso, ela se concentrava nas "raposinhas" que se enfiavam pelas fendas da cerca e saqueavam as vinhas, pouco a pouco.

Todo casamento precisa ter cuidado com as raposinhas. É certo que precisamos nos afastar das "coisas grandes" que podem destruir nossos relacionamentos. Contudo, mais do que isso, precisamos oferecer sempre o perdão pelas coisas pequenas, aqueles hábitos e manias irritantes que podem abrir uma fenda entre o casal.

Diz-se que o casamento não é uma coisa grande, mas um monte de pequenas coisas juntas. Eu concordo plenamente com isso. Lembro-me de uma mulher que certa vez me disse o quanto seu primeiro marido a deixava louca quando espirrava pasta de dente no espelho do banheiro. "Eu reclamava com ele o tempo todo", ela disse. "Nunca o deixava em paz quanto a isso". Essa "coisinha" causou um conflito indizível e muitas brigas no casamento. A esposa simplesmente não estava disposta a perdoar seu marido por fazer sujeira enquanto escovava seus dentes.

Quando Pequenas Coisas Tornam-se Ameaças

O adultério pode causar uma rápida desistência do casamento, mas as pequenas coisas podem se acumular e se apresentar como uma ameaça fatal. Elas vão se enraizando até que os dois digam: "Nosso casamento está morto; não há mais qualquer resquício de vida nele".

Um casal usou essas palavras para descrever o estado de seu relacionamento a um conselheiro conjugal. Em todas as reclamações e acusações, entretanto, o conselheiro observava que a esposa continuava chamando o marido de "Mor".

Finalmente, o conselheiro olhou para ela e disse:

— Você diz que não nutre mais sentimentos por ele, mas continua a chamá-lo de 'Mor'.

— Ah, sim — ela respondeu — Eu o chamo assim há anos. Pois é, 'Mor' de 'Jogos *Mor*tais'!

É possível que uma mulher perdoe um homem que age com tanta brutalidade a ponto de ela compará-lo com um dos mais horripilantes filmes de terror? Pode um casal encontrar alguma esperança depois de o adultério abrir uma fresta gigante em sua cerca protetora? Pode a paixão ser restaurada no casamento devorado pelas "raposinhas" da censura constante, da reclamação, das pequenas mentiras e dos atos de insensibilidade?

A resposta é sim — *se* o "fundamento" do casamento for coberto pelo perdão.

NÍVEIS DE PERDÃO

Acredito que os nossos votos de casamento precisam ser refeitos. Milhões de casais já prometeram "amar, honrar e respeitar", mas talvez o que realmente precisamos seja um compromisso de amar, honrar, respeitar e *perdoar*.

O casamento não é a união de dois grandes amantes, antes, de dois perdoadores. Bons casamentos são constituídos de duas pessoas que se comprometeram a perdoar diariamente uma à outra. Isso significa que Jo wwque entram furtivamente em nosso relacionamento, e, além disso, manter a guarda para prevenir os grandes carnívoros que nos espreitam dos horizontes escuros.

Assim como existem diferentes níveis de ofensas, existem diferentes níveis de perdão. Uma pequena ofensa, como espirrar pasta de dente no espelho ou deixar a tampa do vaso sanitário aberta, não requer o mesmo tipo de perdão que um caso de adultério. O primeiro tipo de ofensa pode exigir que o cônjuge perdoe diariamente e que se recuse a fazer tempestade em copo d'água. Já o segundo certamente exigirá algum tempo, oração e um grande esforço para perdoar. Essas duas ofensas, vastamente diferentes em severidade, precisam de diferentes níveis de quebrantamento e arrependimento. Em outras palavras, exigem diferentes níveis de perdão.

Algumas pessoas pensam que tudo de que precisam fazer para perdoar seu cônjuge é dizer: "Eu lhe perdoo", e então nunca mais tocar no assunto. Mas isso não é perdão verdadeiro. Perdão verdadeiro inclui a transformação que se dá através de uma decisão tomada do fundo do coração. Não é apenas mudar de ideia, mas uma transformação no coração pela qual a ofensa é removida da memória.

Perdão não é expelir alguns tipos de palavras a parte ofensora. Essas palavras foram incluídas ao longo do caminho, mas outras questões importantes precisam ser tratadas para que o perdão bíblico genuíno ocorra.

QUESTÕES DO CORAÇÃO

Aceitação

Precisamos aprender a aceitar nosso cônjuge se quisermos resolver o problema da ofensa. Aceitação significa simplesmente admitir que o evento danoso aconteceu. Não há como "desfazê-lo", nem mesmo nesta época em que a história revisionista está em voga. Não podemos mudar o que aconteceu ou escondê-lo por muito tempo. Ah sim, podemos oferecer nossas desculpas ou álibis, mas o fato é que algo de errado aconteceu e temos que encarar as consequências. Temos que lidar com a realidade.

Algumas pessoas tragicamente negam tanto que foram feridas quanto que feriram outras pessoas. "Não foi nada significativo. Vou só fingir que nunca aconteceu nada e prosseguir — é doloroso demais ter que lidar com isso". Mas a ofensa *aconteceu.* É algo tão real quanto Nail Armstrong andando sobre a lua.

Quando as pessoas optam pela negação, inicia-se um processo perigoso. A ilusão aflora, e esses indivíduos acabam vivendo em um mundo de fantasias. Se passarem tempo demais nesse mundo irreal, podem tornar-se totalmente apáticos à realidade.

É vital aceitar que o adultério ou algumas outras ofensas realmente aconteceram. Não negue! Apenas quando se encara a verdade pode-se caminhar para o perdão e para solução.

Emoções

Como respondemos emocionalmente quando nosso cônjuge erra contra nós? Quando a ferida começa a aparecer, temos geralmente uma reação emocional intensa.

Quando um cônjuge descobre um caso de adultério, é natural e compreensível que as emoções se esquentem. Respondemos a tais ofensas com sentimentos de raiva, agressividade, remorso e até mesmo amargura. E esses sentimentos podem nos levar à ausência de confiança em nossos casamentos.

Quando alguém trai a nossa confiança, sentimos uma dor profunda; pode levar tempo para que essas emoções sejam curadas e a confiança seja restaurada. Isso pode inclusive ser uma parte saudável e normal do processo de cura e perdão. O problema com esses sentimentos é que acabamos dependentes deles indefinidamente, com frequência usando-os como arma contra quem nos feriu. O uso dessas armas sempre fere o indivíduo e o relacionamento.

Conheço pessoas que congelam onde estão porque se recusam a superar as emoções negativas e a seguir em frente para restaurar seus relacionamentos. Muitas já me disseram: "Eu não consigo superar o que meu marido fez comigo" ou: "Ainda estou ferido e furioso pelo que minha esposa fez há anos". Muitas dessas tristes pessoas ficam presas às suas emoções negativas durante anos, até mesmo décadas. Eles se tornam como aqueles que sofrem a perda de alguém amado, e que não consegue — ou não quer conseguir — seguir em frente e permitir que a cura venha.

Há certamente um momento em que uma resposta emocional é normal quando seu cônjuge erra com você. A questão é saber o que fazer com essas emoções atormentadoras.

VOCÊ QUER PERDOAR?

Eu raramente encontrei alguém que tenha declarado: "Eu não tenho a menor vontade de perdoar meu cônjuge". A maioria de nós diz automaticamente: "É claro que quero perdoar".

Mas será que realmente queremos?

Pense na sua vida. Você consegue se lembrar de qualquer incidente em que não tenha concedido o perdão?

Jesus explicou seu mandamento para perdoar 490 vezes com uma parábola extraordinária. Ele contou que havia um servo que devia milhões ao seu rei. Não existia neste mundo qualquer chance de esse trabalhador comum pagar uma dívida tão alta. Mas ele implorou ao rei mais tempo para restaurar suas finanças. O rei tinha todos os direitos legais de lançar o homem na prisão, mas ele perdoou a dívida e deixou que o servo seguisse seu caminho.

Você poderia pensar que um homem que recebeu tamanha misericórdia procuraria agir com a mesma consideração para com os outros. Mas ele foi imediatamente procurar um homem que lhe devia uma mixaria. Agarrou o homem pela garganta e gritou: "Pague-me!"

O homem devedor implorou: "Por favor, dê-me mais um pouco de tempo e eu lhe pagarei. Eu só preciso de mais tempo". Um pedido singularmente familiar — mas em vez de mostrar misericórdia ao homem, este servo lançou seu devedor na prisão.

"Vendo, pois, os seus conservos o que acontecia", disse Jesus, "contristaram-se muito e foram declarar ao seu senhor tudo o que se passara". O rei reagiu com fúria: "Perdoei-te toda aquela dívida, porque me suplicaste", disse. "Não devias tu, igualmente, ter compaixão do teu companheiro, como eu também tive misericórdia de ti?" (Mt 18.31-33)

Com isso, o rei enfurecido declarou a seguinte ordem: "Peguem esse malandro ingrato que não perdoou seu amigo e ponham-no na prisão. Deixem-no com os 'atormentadores' até que ele me pague cada centavo da grande quantia que me deve!" (v. 34, paráfrase do autor).

Jesus concluiu sua parábola com estas frias palavras: "Assim também vos fará meu Pai celestial, se do coração não perdoardes, cada um a seu irmão, as suas ofensas" (v. 35).

Quando nos encontrarmos torturados pelas emoções, temos que refletir se estendemos o perdão àqueles que erraram conosco. É *essencial* que perdoemos àqueles que nos feriram, de outro modo permanecemos trancados na prisão da amargura e do rancor.

LEVANDO CADA PENSAMENTO CATIVO

Depois que perdoamos e nos libertamos de feridas antigas, precisamos dar outro passo rumo à liberdade "levando cativo todo entendimento à obediência de Cristo" e dos seus ensinamentos (2 Co 10.5).

Nossas mentes são campos de batalha. O Inimigo da humanidade sabe que se conseguir conquistar esse território, poderá controlar o indivíduo. Satanás, nosso Adversário, arremessa pensamentos danosos em nosso caminho; essa é sua estratégia. Esses pensamentos estranhos não pertencem à mente de Cristo e assim não são compatíveis com o homem ou mulher que busca seguir a Cristo.

Esses pensamentos têm muitos disfarces. Mas quer sejam imorais, enganosos, cheios de ira, lascivos, agressivos ou egoístas, devemos tratá-los todos como a um exército invasor e nos opor a eles simplesmente como se fôssemos soldados num campo de batalha. Nós os atacamos e os levamos cativos. Tornam-se prisioneiros de guerra, e os levamos ao nosso Chefe-Comandante, o Senhor Jesus Cristo. Isso efetivamente desarma os invasores e eles não podem mais nos enganar.

O apóstolo Paulo nos dá as ordens de marcha: "Toda amargura, e ira, e cólera, e gritaria, e blasfêmias, e toda malícia seja tirada de entre vós" (Ef 4.31). Você consegue pensar numa descrição melhor dos tipos de pensamentos destrutivos que precisam ser levados cativos a Cristo?

Esses pensamentos tentarão um destes dois métodos para nos atacar: subterfúgio ou emboscada. Às vezes eles tentam entrar sorrateiramente; outras vezes, ficam à espreita como uma força maciça. Seja qual for o caso, com muita vontade devemos orar da seguinte forma: "Pai, não vou dar nenhum território a esses pensamentos dando atenção a eles. Recuso-me a deixar que me tomem de volta ou me machuquem. Eu recuso essa sugestão ou ressentimento de amargura, de medo e desejo doentio. Entrego todos esses pensamentos invasores ao Senhor Jesus!"

À medida que fizermos disso uma prática constante, descobriremos que nossas emoções gradualmente passarão a estar sob forte controle — o controle de Cristo.

DESAFIOS EXTERNOS

Punição

Vemos nosso cônjuge diariamente, por isso às vezes é difícil esquecer a ferida que a pessoa nos causou. Quando olhamos nosso esposo ou esposa sentado à mesa do café da manhã, podemos até mesmo ter o sentimento de que ele ou ela está saindo dessa muito facilmente. *Deve haver punições*, pensamos, *alguns sofrimentos pelo erro que cometeu contra mim!*

Como lidar com nossos sentimentos por uma pessoa que, honestamente, precisa ser punida, mas a qual somos ordenados a perdoar? É neste ponto que precisamos nos lembrar de outro princípio bíblico: a vingança é do Senhor (veja Dt 32.35; Rm 12.19). Nossa responsabilidade é perdoar e deixar que Deus cuide de qualquer necessidade de disciplina ou punição. Em seu tempo, Deus equilibrará as escalas — para você e para mim, e para nossos maridos e esposas.

Precisamos manter esse princípio em mente quando formos lesados. Isso nos ajudará a estender livremente o perdão e a misericórdia que Deus diz que devemos dar. E também nos ajudará a dar o próximo passo do perdão.

Pagamento

Muitos de nós temos problemas para cumprir este ponto do processo de perdão. Mas apesar de sabermos que é Deus quem lidará com as questões de retribuição, o problema ainda nos atormenta. Queremos um "pequeno pagamento" pelos erros cometidos contra nós. Pode soar assim: "Eu sei que é Deus quem lida com o julgamento e a punição de meu cônjuge. Mas eu quero alguma compensação disso tudo!"

Nenhum de nós é perfeito; todos precisamos de perdão e todos precisamos perdoar. Nenhum de nós tem o direito de guardar qualquer coisa contra nossos cônjuges — mas mesmo assim guardamos, não é? Como a espada de Dâmocles*, penduramos essas feridas sobre a cabeça

* **N. do T.:** A "espada de Dâmocles" alude à história de um cortesão que dizia que seu rei, Dionísio, era verdadeiramente afortunado por causa de seu poder. O rei então ofereceu seu lugar por um dia a Dâmocles, que num banquete, depois de adorar ser servido como rei, olhou para cima e percebeu que havia uma espada afiada pendurada por um único fio de rabo de cavalo, apontada diretamente para sua cabeça. Essa espada representaria as dificuldades e perigos iminentes que o rei enfrentava, mas que ninguém, que não tivesse estado em sua posição, conseguia perceber.

de nossos maridos e esposas, prontos para usá-las quando precisarmos "influenciá-los".

Mas o último passo do perdão requer que baixemos a espada. Precisamos tirar da pendência aqueles que nos feriram. Isso significa deixar a ofensa para traz e nunca exigir recompensa ou retribuição.

Imagine que você, por um momento, entre em meu escritório e acidentalmente esbarre em minha luminária favorita. Nós dois olhamos para o chão e vemos todos os pedaços espalhados por toda parte. Nem dá para dizer que aquilo já tinha sido uma luminária.

Você me olha com remorso nos olhos e diz:

— Desculpe-me! Estou me sentindo tão mal. Quanto custou? Vou comprar uma nova para você.

Antes que você pegue sua carteira, eu seguro sua mão e digo:

— Ei, não se preocupe. Não quero que você pague pela luminária. Não vou deixar que faça isso.

O que foi que eu fiz? Deixei você livre do erro que cometeu. Mas ainda preciso de luz em meu escritório — então *alguém* terá que pagar por uma lâmpada nova. E pelo fato de eu ter poupado você do erro, esse alguém serei eu.

Teria o direito de deixar que você pagasse pela luminária? Com certeza. Mas em vez disso, eu lhe ofereci misericórdia — na verdade, a dívida que você contraiu por quebrar minha luminária, declarei "extinta".

Toda essa dinâmica deve ser considerada se quisermos perdoar totalmente uma pessoa.

A SALA DE AULA DO PERDÃO

Na Cruz

Onde aprendemos esse tipo de perdão? Que escola devemos frequentar? Nossa sala de aula para aprender esse comportamento libertador é a cruz de Jesus Cristo.

Quando nosso salvador foi preso e suspendido entre a terra e o céu, seu sacrifício deixou uma lição ao mundo: *Ao morrer por seus pecados, eu levarei o castigo que vocês merecem.* Mas Jesus foi além, tomando sobre si o castigo, a dor e todo o preço exigido por nossas ações pecaminosas. Ele sofreu o castigo pela condição pecaminosa *de todos* e pagou o preço por todas as coisas que estragamos com nossas ações pecaminosas *individuais.*

Se quisermos perdoar, precisamos aprender com o exemplo de Cristo. Primeiro, precisamos escolher perdoar, fechar o livro dos erros cometidos contra nós; esse é o papel da nossa vontade. Segundo, precisamos levar cativos a Cristo todos os pensamentos que tentam degradar nossas decisões de perdoar; isso é trabalho para nossas emoções. Terceiro, precisamos confiar que Deus julga o que está errado e equilibra os livros; essa é a tarefa da nossa mente.

Perdão: Um Ato e um Processo

Pense no processo de perdão como fazer uma compra no cartão de crédito. Imagine-se indo até o balcão de uma joalheria, escolhendo um lindo bracelete de diamantes, e passando o cartão de plástico na máquina. Você assina seu nome no cupom... E pronto, o bracelete é seu. Isso ilustra o desejado *ato* de perdão.

Daí vêm os pagamentos mensais. Como você comprou um bracelete caro, terá que efetuar pagamentos mensais por um longo período. Assim, você é tanto o indivíduo que comprou a joia *quanto* a pessoa que continua a pagar.

Da mesma forma, o perdão é tanto o ato quanto o processo. Você toma uma decisão em um momento específico no tempo e o negócio está feito. Mas ao longo do tempo, estende o perdão. Você contrai as prestações exigidas por sua decisão inicial de perdoar.

POR QUE PERDOAR?

Por que deveríamos perdoar? Eu consigo pensar em pelo menos quatro razões.

1. Deus nos manda perdoar

A Bíblia nos diz: "Antes, sede uns para com os outros benignos, misericordiosos, perdoando-vos uns aos outros, como também Deus vos perdoou em Cristo" (Ef 4.32). Eu considero esse versículo tão importante que o leio para todo casal que se põe diante de mim no altar. A verdade expressada por esse versículo contém o segredo de todo casamento e relacionamento bem-sucedido.

2. O perdão faz parte do caráter de Deus

As Escrituras dizem que devemos perdoar uns aos outros assim como Cristo nos perdoou (Cl 3.13). Perdoar está na natureza de Deus — e Ele perdoa incondicionalmente, mesmo quando não merecemos.

Observe novamente o exemplo do cartão de crédito. Na cruz, Deus inicialmente nos deu crédito. Cada vez que pecamos contra Ele e nos arrependemos, acrescenta uma prestação a nossa conta. Deus nos perdoa 490 vezes — e muito mais!

3. O perdão nos faz bem

Não perdoar é como adicionar fertilizante à "raiz de amargura [que brota]" e contamina tudo que toca (Hb 12.15), começando pelo indivíduo que guarda ressentimento. Não perdoar pode nos destruir — literalmente.

Eu conheci um homem que morreu de várias doenças físicas, o qual a maioria de nós consideraria uma pessoa de "meia-idade". Eu não sei o que os médicos determinaram como causa da morte, mas deveria ter sido "amargura". Acredito que esse homem tenha morrido prematuramente porque se recusou a superar muitas coisas. Ele se tornou curto, negativo e cínico. Sua "raiz de amargura" espalhou-se por sua alma; a falta de perdão tornou-se o fator controlador de sua vida. Será que o perdão teria curado seu corpo e sua mente? Eu não tenho dúvidas de que sim.

Ironicamente, os indivíduos que nos atingiram continuam a nos controlar quando nos recusamos a perdoá-los. Talvez você conheça o sentimento: não consegue esquecer a pessoa ou a dor que ela lhe causou. Quando se senta para fazer uma deliciosa refeição, aquela pessoa se senta à mesa diante de você, como um fantasma. Você se pega dirigindo pela estrada, imaginando conversas com aquele indivíduo, dizendo-lhe o que poderia fazer com ele. Ou pior, você lhe diz o que espera que Deus faça com ele ou aonde espera que Deus o leve. Esse controle sobre você só acabará quando, por intermédio do poder de Cristo, perdoar essa pessoa pelos erros específicos que ela cometeu contra você.

4. Se perdoarmos, também seremos perdoados

Todos nós já ouvimos e repetimos inúmeras vezes esta parte da oração do Pai Nosso, quando Jesus nos ensina a orar: "Perdoa-nos as nossas dívidas, assim como nós perdoamos aos nossos devedores" (Mt 6.12). Essa única linha da oração do Pai Nosso diz muito claramente o que a Bíblia repetidamente ensina a respeito do perdão: se não perdoarmos aos outros, Deus não nos perdoará. Se você está se negando a perdoar seu cônjuge, esse fato bíblico deveria causar calafrios em sua espinha.

Você fica aprisionado em uma cela emocional profunda e sombria quando se recusa a conceder o perdão. Para sair desse lugar sufocante e pavoroso, você precisa perdoar de coração, com o âmago de seu ser. Isso significa que quando você "faz as pazes", apaga todo resquício das mágoas que existiram!

CONTE COM O PERDÃO DE DEUS

O perdão de Deus parece bom demais para ser verdade. Quando eu falo de perdão, alguém quase sempre me pergunta: "Você tem certeza de que Deus me perdoou quando eu orei?", ou a pessoa pode dizer: "Sabe como é, não me sinto perdoado. Talvez não haja perdão para mim".

Sempre encorajo esses indivíduos conturbados, lembrando-lhes de que Deus é fiel; Ele mantém suas promessas. E então eu lhes conto sobre as várias promessas de perdão que Deus nos fez.

A primeira é a promessa "oriente-ocidente". Deus afasta o pecado para tão longe "quanto está longe o Oriente do Ocidente" (Sl 103.12). Agora pense nisso por um instante. Essa é uma distância infinita, um lugar que não pode ser encontrado em mapa algum.

E depois tem a "promessa de amnésia". Enquanto para nós é difícil esquecer, Deus perdoa tão cuidadosamente, que nem mesmo se lembra de nosso pecado depois que nos arrependemos e pedimos sua misericórdia. "Perdoarei a sua maldade e nunca mais me lembrarei dos seus pecados" (Jr 31.34).

Às vezes temos muita dificuldade para perdoar os outros porque continuamos a nos lembrar de nossa própria culpa. Presumimos que Deus, que é santo, mantém as lembranças de nossos pecados diante de si a todo o momento. Mas esse simplesmente não é o caso. Quando você e eu pedimos a Deus que nos perdoe por um ato pecaminoso ou por uma atitude que previamente lhe confessamos, Ele poderia facilmente responder, perguntando-lhe: "De quais pecados você está falando?". Ele se esqueceu.

Deus também deu o que gosto de chamar de "promessa removedora de manchas". Através de Isaías, o Senhor diz: "Ainda que vossos pecados sejam como a escarlata, eles se tornarão brancos como a neve" (Is 1.18).

Imagine suco de uva derramado sobre uma camisa limpinha e branca. Só o alvejante mais eficiente pode tirar esse tipo de mancha, e mesmo assim uma marca rósea ainda pode ficar na camisa. Mas quando Deus nos perdoa, nem mesmo o rastro mais sutil da mancha do pecado permanece.

Por fim, vem a promessa "profundezas do mar" de Deus, registrada pelo profeta Miquéias. Deus "lança todos os nossos pecados nas profundezas do mar" quando nos arrependemos e recebemos seu perdão (Mq 7.19). Meu amigo precioso, Corrie ten Boom, sempre dizia que Deus não apenas lança nossos pecados no mar, Ele põe também uma placa: "Proibido Pescar!"

A maioria de nós enfrenta momentos difíceis ao perdoar nossos cônjuges até que estejamos face a face com a nossa própria necessidade do maravilhoso perdão de Deus. Depois que nos confrontamos com a imensidão do desgosto que damos a Deus, começamos a compreender que a maior ofensa no casamento — até mesmo o adultério — é menor em comparação a isso.

E VOCÊ?

O mundo cantarola, canta e até mesmo assobia o grande hino "Maravilhosa Graça". Mas quantas vezes compreende de fato a rica história do hino?

A marinha britânica obrigou o compositor do hino, John Newton, a servir em um navio em 1744. Ele escapou, foi capturado e açoitado publicamente. Por requisição sua, a marinha o nomeou para um navio escravo. Finalmente, Newton tornou-se capitão de seu próprio navio — um navio escravo.

Em 10 de maio de 1748, em uma tempestade massiva, sua embarcação sofreu uma rachadura. Newton tinha certeza de que o navio afundaria e clamou a Deus por misericórdia. Quando o vento e a chuva se acalmaram, Newton retornou à sua cabine e pensou na ironia que era pedir misericórdia quando tinha um porão cheio de seres humanos acorrentados, roubados de sua terra natal e destinados, através de seu navio, ao mercado de escravos.

Dominado por sua própria indignação, Newton percebeu que Deus lhe dera sua proteção graciosa, imerecida, da qual não era digno e que só poderia mesmo ser descrita como "maravilhosa".

E quanto a você? Qual é a sua história sobre a "maravilhosa graça?" Quando percebermos o objetivo maravilhoso do perdão de Deus, encontraremos a força para perdoar nossos cônjuges 490 vezes... *E ainda mais.*

REFLETINDO SOBRE SEU RELACIONAMENTO

1. Em que áreas específicas do seu casamento você tem mais dificuldades em obedecer à ordem de Jesus para perdoar "setenta vezes sete?"
2. Liste algumas das "raposinhas" que você precisa perdoar.
3. O que normalmente bloqueia sua boa vontade de perdoar?
4. Por que Deus, que é perfeito em sua santidade, permitiria que você entrasse em seu Reino, apesar de tê-Lo ofendido com seus pecados?

UMA PALAVRA PESSOAL

Manterás Acesa a Chama do Casamento

Seu amor amadurecerá, mas as chamas devem continuar ardendo continuamente. Senão há algo de errado com você! Este mandamento é o segredo para manter o romantismo em seu lar.

— E.Y.

Mandamento 8

Manterás Acesa a Chama do Casamento

"Um dos meus maiores objetivos é ter um casamento feliz". Essa é a resposta habitual que as pessoas dão continuamente a pesquisadores de opinião que perguntam o que ele ou ela deseja para a sua vida. Apesar de nunca termos sido "pesquisados", Jo Beth e eu certamente tínhamos esse como um dos nossos maiores objetivos quando nos casamos quatro décadas atrás. Nunca me esquecerei daquele dia. Seu tio, agora já falecido, conduziu nossa cerimônia de casamento. Lançando-nos um olhar fixo e firme, declamou estas palavras do poeta Robet Browning:

> Cresça e envelheça comigo!
> O melhor ainda está por vir,
> O resto da vida, para o qual todo o início foi feito:
> Nosso tempo está em suas mãos
> Daquele que disse: "Planejei o todo,
> A juventude mostra apenas a metade; confie em Deus: veja tudo, sem temer!".[1]

Acredito que todo homem e toda mulher que se põem diante do altar querem acreditar que "o melhor ainda está por vir". Para que essas palavras se tornem realidade, entretanto, precisamos ser capazes de dizer aos nossos cônjuges: "Cresça e envelheça comigo". E a melhor forma de garantir que isso aconteça é mantendo acesa a chama do casamento.

O CASAMENTO REQUER EMPENHO

Ao contrário do que muitos pensam, desejar 'tudo de bom' e 'uma boa sorte' não tem nada a ver com a felicidade e a salubridade do casamento. Um bom casamento resulta de trabalho duro e de se colocar os princípios atemporais da Palavra de Deus no centro do relacionamento. A felicidade conjugal é uma questão de escolha. Vem quando fazemos aquilo que mantém nosso amor em crescimento e amadurecimento — inclusive durante os momentos árduos que certamente virão.

Essa ideia forma a base do meu oitavo mandamento do casamento: *manterás acesa a chama do casamento.*

O casamento raramente é uma proposta fácil. Em algum ponto, todo casamento vê o fim da feliz lua de mel se aproximar. Mesmo assim, o fim da lua de mel não precisa ser o fim da felicidade e da paixão. Todo casal pode manter acessa a chama do amor depois que a lua de mel se transforma em apenas doces lembranças. Como fazer isso? Esse é o assunto deste capítulo. Primeiro, vamos nos recordar de um casal que nos lembrará da necessidade do trabalho em nossos casamentos.

UM CASAMENTO FEITO NO CÉU

Uma Verdadeira História de Amor

Numa época em que homens e mulheres se casavam quando eram ainda bem jovens, Isaque passou seu quadragésimo aniversário sem nem mesmo conhecer Rebeca. Por que demorou tanto para que Isaque encontrasse a "pessoa certa?" Porque ele decidiu obedecer a Deus a qualquer custo.

Isaque viveu em uma área pagã onde, como se diz no Texas, só havia "poucos palitos".* Na verdade, havia todo tipo de mulher por perto, mas

* **N. do T.:** Do inglês *"slim pickins"* (literalmente: *poucos palitos*), expressão que significa "poucas alternativas".

Isaque preferia não se casar fora de sua fé. Ele queria uma mulher que compartilhasse de sua confiança no único e verdadeiro Deus, e se recusou a escolher alguém diferente disso. Se não conseguisse encontrar uma mulher exatamente assim, continuaria solteiro. E foi assim que as coisas permaneceram por muito tempo.

Depois que a mãe de Isaque, Sara, morreu, Abraão tomou sobre si a responsabilidade de mudar o estado civil do seu filho. De acordo com os costumes da época, Abraão enviou um de seus servos para encontrar uma esposa para Isaque: "Para que eu te faça jurar pelo Senhor, Deus dos céus e Deus da terra, que não tomarás para meu filho mulher das filhas dos cananeus, no meio dos quais eu habito. Mas que irás à minha terra e à minha parentela, e daí tomarás mulher para meu filho Isaque" (Gn 24.3,4).

Assim o servo fiel saiu em busca de uma noiva para Isaque. O servo obedeceu às ordens de seu mestre ao pé da letra, percorrendo distâncias extraordinárias para garantir que encontraria a mulher certa. Por fim, ele encontrou uma pastora bela e elegante, e antes mesmo de se familiarizar com ela, não teve dúvidas de que Deus a havia escolhido para ser a esposa do filho de seu mestre.

Isaque esperou vários meses — talvez até mesmo um ano ou dois — pelo servo que retornaria trazendo sua esposa. As Escrituras descrevem com as seguintes palavras um dos momentos mais românticos da história bíblica:

> E Isaque saíra a orar no campo, sobre a tarde; e levantou os olhos, e olhou e eis que os camelos vinham. Rebeca também levantou os olhos, e viu a Isaque, e lançou-se do camelo, e disse ao servo: Quem é aquele varão que vem pelo campo ao nosso encontro? E o servo disse: Este é meu senhor. Então, tomou ela o véu e cobriu-se. E o servo contou a Isaque todas as coisas que fizera. E Isaque trouxe-a para a tenda de sua mãe, Sara, e tomou a Rebeca, e foi-lhe por mulher, e amou-a (Gn 3.63-67).

Uma história romântica? Pode crer! Mas é também a história de um homem de Deus esperando que o Senhor operasse os últimos detalhes de seu casamento. Isaque teve a fé necessária para acreditar que Deus traria a pessoa certa ao lugar certo no momento certo. Ele e sua família oraram por sua necessidade e recusaram-se a aceitar uma alternativa. O resultado fala por si mesmo: "E amou-a".

Como todo Casamento

Quando observamos como esse casamento começou, parece que o relacionamento só podia mesmo ser perfeito. Mas logo os problemas surgiram e depois se multiplicaram. No final do capítulo 27 de Gênesis — depois de anos de casados e de muitos filhos — a duplicidade, a competição, o antagonismo, a tensão e a raiva trilharam seu caminho na família de Isaque.

Esse relato bíblico de "um casal feito no céu" ilustra o que todo casal deve lembrar. Até mesmo os casamentos com os melhores começos *terão* sua gama de problemas. Com o tempo, a brilhante e ardente chama do amor pode esfriar e se tornar apenas brasas; se formos incautos, tudo pode acabar se abalando de uma vez. Se o marido e a esposa não se empenharem para manter a chama acesa, poderão acordar um dia e encontrar as brisas quentes substituídas por brisas árticas soprando em torno de sua cama.

TRÊS ESTÁGIOS DO CASAMENTO

Como um casal pode evitar que seu casamento se congele? Como podem manter acesas as chamas do amor e da paixão?

Bem, como você mantém *qualquer* chama acesa? Você se empenha. Alimenta-a, toma conta dela e a encoraja. Negligencie-a, e ela logo se apagará.

A mesma coisa acontece no casamento. Dá trabalho. Mas se você perseverar e fielmente aplicar os princípios de Deus ao seu casamento, desfrutará de um relacionamento maduro e emocionante.

O sucesso em manter a chama acesa, seja no casamento ou no acampamento, também depende de que se entenda como o fogo queima ao longo do tempo e de que necessita em cada estágio. Tendo isso em mente, vamos dar uma breve olhada nos três estágios-chave da chama do casamento.

1. O Estágio Lua de Mel

Quase todo casal já passou pelo estágio lua de mel. Durante este estágio, seu cônjuge nunca faz nada de errado e vocês simplesmente não se cansam de estar um com o outro. O estágio da lua de mel é cheio da luz da lua e de rosas, violinos e luz de velas. O fogo queima brilhante e quente, e você se aquece no calor de seu fulgor. É um momento maravilhoso.

Como vimos, Cantares de Salomão nos dá a imagem mais romântica e erótica de toda a Bíblia. Descreve perfeitamente o que se passa entre o marido e a esposa durante o estágio lua de mel, quando cada um só tem olhos e se deleita na outra pessoa. Observe a paixão de que Salomão e sua esposa compartilhavam:

> [Ele:] "Qual o lírio entre os espinhos, tal é meu amor entre as filhas".
> [Ela:] "Qual a macieira entre as árvores do bosque, tal é o meu amado entre os filhos; desejo muito a sua sombra, e debaixo dela me assento; e o seu fruto é doce ao meu paladar. Levou-me à casa do banquete, e o seu estandarte sobre mim era o amor. Sustentai-me com passas, confortai-me com maçãs, porque desfaleço de amor".
> [Ele:] "Pomba minha, que andas pelas fendas das penhas, no oculto das ladeiras, mostra-me a tua face, faze-me ouvir a tua voz, porque a tua voz é doce, e a tua face graciosa".
> [Ela:] "O meu amado é meu, e eu sou dele; ele apascenta o seu rebanho entre os lírios. Até que refresque o dia, e fujam as sombras, volta, amado meu; faze-te semelhante ao gamo ou ao filho dos veados sobre os montes de Beter" (Ct 2.2-5,14,16,17).

O canto de amor de Salomão mostra duas pessoas que passam todo o seu tempo juntas, divertindo-se uma com a outra, e todo o tempo em que estão distantes, com saudades, esperando o momento de se reencontrarem. Sua paixão arde com chamas brancas, que consomem o casal sem esmorecer. Eles não querem nada além do outro. Sentem-se completamente tomados um pelo outro, em todos os níveis: físico, emocional e espiritual.

O idealismo colore a paixão do estágio lua de mel. Ambos acreditam que o outro seja perfeito de todas as formas: "Tu és toda formosa, amiga minha, e em ti não há mancha" (Ct 4.7). Não há criatura mais perfeita do que o objeto de amor no estágio lua de mel. Ele é tudo que um homem pode ser e ela é a perfeição feminina encarnada. Ambas as partes parecem cegas a qualquer imperfeição ou defeito do outro. Querem apenas dar as mãos, olhar um nos olhos do outro e se amarem, noite e dia.

Um escritor descreveu uma amiga que estava vivendo o estágio lua de mel:

> Ela honestamente afirma que o céu está mais azul; ela notou a fragrância delicada dos lilases ao lado de sua garagem, apesar de já ter passado por eles antes sem parar; e Mozart a faz chorar. Em suma, a vida nunca fora tão emocionante. "Eu sou jovem de novo!", ela grita exuberante. Tenho que admitir, o cara é melhor do que Vigilantes do Peso*. Ela perdeu 7 quilos e está com aparência de garota de capa de revista. Ela agora se interessa pelo formato de suas próprias coxas.[2]

Mas este estágio não dura para sempre (por mais difícil que possa ser para aqueles que não querem deixar de acreditar no contrário). O segundo estágio do amor conjugal ocorre mais ou menos no mesmo instante em que a realidade aparece.

2. O Estágio 'A Festa Acabou'

No estágio "a festa acabou", o casal passa a se conhecer de verdade. A realidade se manifesta e ambos começam a ver a verdadeira humanidade do outro, com todos os seus defeitos e imperfeições.

Muitos casais se sentem traumatizados no início deste estágio. Um certo "remorso de comprador" toma lugar: enquanto ela começa a se questionar se ele é realmente o homem com quem pensou ter se casado, ele se pergunta o que aconteceu com a jovem, doce e amável criatura de quem jamais se cansava nos primeiros anos do casamento. O conselheiro Kay

* **N. do T.:** "Vigilantes do Peso" é uma empresa internacional que oferece produtos e serviços para perda e manutenção de peso.

Kuzma escreve que "para a maioria de nós, o dia do nosso casamento foi um dos momentos mais importantes de nossas vidas. Mas a lua de mel logo se acaba, e nossos sonhos de amor com romance e luz de velas se dissolvem muito frequentemente na realidade da louça na pia e das fraldas sujas".[3]

Se você já é casado há um certo tempo, está nesta fase. Até mesmo Salomão, o jovem escritor de sangue quente de Cantares, alcançou este estágio. O mesmo homem que escreveu acerca da perfeição de sua esposa, mais tarde escreveu: "O gotejar contínuo no dia de grande chuva e a mulher rixosa, um e outro são semelhantes. Aquele que a contivesse, conteria o vento; e a sua destra acomete o óleo" (Pv 27.15,16). E naquele que deve ter sido até mesmo o dia mais triste, ele escreveu as amargas palavras: "E eu achei uma coisa mais amarga do que a morte: a mulher cujo coração são redes e laços e cujas mãos são ataduras; quem for bom diante de Deus escapará dela, mas o pecador virá a ser preso por ela" (Ec 7.26).

É difícil obter uma imagem mental agradável em qualquer dessas ásperas afirmações! Imagine-se tentando dormir enquanto ouve o pic-pic-pic constante das gotas da chuva forte no telhado. Ou imagine-se ainda tentando fazer negócios com os pés numa armadilha, seu coração amarrado com nós e seus pulsos atados. Essas são as imagens que Salomão descreve de um marido que percebe que a festa acabou.

É claro, nem toda infelicidade conjugal pode ser atribuída à esposa rixosa ou insolente. Longe disso!

"Agora o Bob age de forma bem diferente do modo como agia em seu tempo de noivado e nos primeiros anos de casamento", escreveu um psicólogo cristão. Quando...

> ... O Bob era espontâneo e atencioso. [Geri] amava os momentos em que compartilhavam profundamente suas esperanças, sonhos, medos e sentimentos. O Bob ficou cada vez mais interessado em seu novo emprego e cada vez menos atencioso à Geri. Suas longas conversas transformaram-se em uma rápida troca de palavras — mais uma troca de informações do que um diálogo profundo. Quando a Geri o confrontou com isso, ele disse que ela estava sendo sensível demais. Ele a amava tanto quanto antes; mas é que ele estava tentando mostrar

ao seu chefe que estava comprometido com trabalho e que estava fisicamente cansado.[4]

Neste estágio do casamento, o casal precisa fazer uma escolha. Pelo menos três opções são possíveis aos maridos e às esposas que percebem que a festa acabou.

Primeiro, podem adotar uma atitude de resignação melancólica, determinados a externar isso na esperança de que alguma coisa aconteça. Eles vivem em miséria sob o mesmo teto, tentando avidamente manter a aparência de que têm uma união feliz. Sentem-se entediados um com o outro, têm raiva um do outro, são hostis ou indiferentes um para com o outro — mas por causa dos filhos ou porque não acreditam no divórcio, permanecem juntos.

Segundo, podem optar pelo divórcio. Uma enorme parcela dos casais que chega ao estágio "a festa acabou" tornam-se desiludidos um com o outro e optam por abandonar o navio.

Mas há uma boa saída! Casal algum precisa optar por viver junto em miséria ou acabar com o casamento. Há uma terceira alternativa. O casal que faz essa escolha decide não só permanecer junto, mas fazer o que for preciso para que o casamento seja genuinamente feliz e saudável.

3. O Estágio 'O Melhor ainda Está por Vir'

Os casais que resolvem passar pelo estágio "a festa acabou" atingem o estágio mais emocionante e compensador de todos: "O melhor ainda está por vir".

Este estágio contraria o velho ditado que diz que "o amor é cego". Este amor — um amor maduro — de forma alguma é cego. Ele vê tudo em seu amado, todos os defeitos de personalidade, imperfeições e sutilezas sobre os quais nada pode fazer, mas enche o cônjuge com palavras e atos de carinho e amor. Nada pode matar este amor. Este tipo de amor pode resistir a qualquer coisa, até mesmo às mudanças radicais pelas quais os cônjuges passam depois de anos de casamento.

No ano em que comemorou seu aniversário de cinquenta anos de casado, Kenneth S. Kantzer, estudioso contemporâneo da Bíblia, escreveu uma coluna para a revista *Christianity Today* (Cristianismo Hoje) intitulada: "A Liberdade do Ciúme". Há grande sabedoria em suas palavras:

> Minha esposa tem 75 anos. Às vezes seu rosto fica delineado por "rugas de envelhecimento" (ou como quer que ela as chame) e, fiel à sua feminilidade, ela as odeia.
> Mas eu acho lindas as linhas, e amo cada uma delas. Eu digo a ela que as linhas podem vir com o avançar dos anos, mas são linhas de personalidade — e não marcas da velhice. E eu lembro-lhe de um adesivo colado no carro de um amigo meu que diz: "Se você é cinquentão e não tem rugas, é porque não sorriu o bastante".
> Este é o nosso quinquagésimo ano de casamento e, sim, ainda somos apaixonados. Nosso amor é mais intelectual — mais compreensivo — do que era há 50 anos. É também mais profundo e forte — e também não menos ardente. É, na verdade, um amor ciumento, e é assim mesmo que deveria ser. Afinal, Deus é ciumento (Êx. 20.5 e Dt 5.9). Ele quer que só amemos a Ele como nosso Deus. Mas isso não suprime nosso amor pelas outras pessoas. Ao contrário! Nos liberta para amar os outros.
> Assim acontece com nosso amor de marido e esposa. Ele nos dá tudo e também exige tudo, mas não viola o amor que cada um de nós tem por Deus. Tampouco diminui nosso amor por nossos filhos e filhas, seus cônjuges, nossos netos, amigos e assim por diante. Quanto mais você ama, mais consegue amar...
> Cinquenta anos é muito tempo para duas pessoas viverem juntas. Para nós, cada ano é melhor do que o anterior. E por isso somos gratos a Deus.[5]

Qualquer pessoa pode viver no estágio "o melhor ainda está por vir", desde que ele ou ela aplique alguns princípios bíblicos básicos ao seu casamento. E o melhor de tudo é que o amor maduro deste estágio oferece mais emoções genuínas e romance verdadeiro por metro quadrado do que o estágio "lua de mel". Todo marido e esposa podem olhar com alegria para seu cônjuge de cinco, dez, quinze anos ou mais — até mesmo de meio século — e honestamente dizer: "Eu sou muito feliz por envelhecermos juntos!"

COMO É O AMOR MADURO

Eu queria poder lhe dizer que meus muitos maravilhosos anos de casamento com Jo Beth dotaram-me de habilidade para mostrar como é realmente o amor maduro. Mas eu poderia viver mais mil anos e ainda assim nunca alcançaria a plenitude da Palavra de Deus quando ela descreve o amor maduro.

Leia a definição de Deus para o amor maduro que se encontra no famoso "Capítulo do Amor",

1 Coríntios 13:

> O amor é paciente, é benigno; o amor não arde em ciúmes, não se ufana, não se ensoberbece, não se conduz inconvenientemente, não procura os seus interesses, não se exaspera, não se ressente do mal; não se alegra com a injustiça, mas regozija-se com a verdade; tudo sofre, tudo crê, tudo espera, tudo suporta. O amor jamais acaba (vv. 4-8 – ARA).

Eu amo a simplicidade dessa passagem. Por muitos anos, ela tem nos dado uma explanação detalhada das palavras do nosso Senhor: "E como vós quereis que os homens vos façam, da mesma maneira fazei-lhes vós também" (Lc 6.31).

Como você classificaria seu amor por seu esposo ou esposa? Você está emperrado em um dos dois primeiros estágios do amor conjugal ou o seu amor é maduro? Eu encorajo você a fazer o que gosto de fazer de tempos em tempos — use 1 Coríntios 13 como uma lista de avaliação pessoal.

Amor Maduro é...

✓ Paciente. Eu lido bem com as imperfeições do meu cônjuge.

✓ Benigno. Eu ajo com bondade para com a outra pessoa.

✓ Regozija-se com a verdade. Meu amor cresce sobre uma base de honestidade e integridade.

✓ Confiante. Eu acredito no melhor de meu cônjuge.

✓ Cheio de esperança. Eu espero pelo melhor do meu cônjuge e para ele.
✓ Perseverante. Meu amor permanece firme até mesmo quando passa pelos momentos mais difíceis.

Amor Maduro não é...

✓ Egoísta. Em vez disso, é seguro.
✓ Orgulhoso. Ao contrário, refreia-se de se autoexaltar.
✓ Arrogante. Pelo contrário, ele se humilha.
✓ Busca seus próprios interesses. Em vez disso, põe as necessidades e desejos do seu cônjuge antes das suas próprias.
✓ Raivoso. Ao contrário, inibe ações impetuosas.
✓ Vingativo. Em vez disso, o amor maduro perdoa, até mesmo quando é injustiçado.

Mas acima de tudo...

✓ O amor nunca falha! Estou sempre pronto para apoiar meu cônjuge.

TRABALHANDO PARA OBTER UM AMOR MADURO

O amor maduro pode resistir a qualquer provação que entre em seu caminho. Ele permanece firme ao longo dos anos — desde que realizemos o trabalho necessário para fazê-lo crescer. Veja alguns princípios básicos que podem ajudar seu amor a evoluir para o amor maduro que você deseja ter. Ponha-os em prática e o melhor ainda virá!

1. Profira bênçãos

O primeiro princípio básico é *proferir*. Dirija palavras de bênção ao seu cônjuge, e faça-o consistentemente.

Normalmente as palavras fluem de nossas bocas com um pequeno pensamento por detrás delas. Sem perceber, podemos acabar dizendo coisas que machuquem nosso cônjuge. Talvez você seja diferente de mim, pois eu encontro aquelas lembranças ameaçadoras mais remotas, que acabam saindo muito naturalmente, enquanto as positivas requerem um certo esforço. A Bíblia nos diz que a língua é o músculo do nosso corpo mais difícil de ser controlado. "Com ela bendizemos a Deus e Pai, e com ela amaldiçoamos os homens, feitos à semelhança de Deus: de uma mesma boca procede bênção e maldição. Meus irmãos, não convém que isto se faça assim" (Tg 3.9,10).

Alguns casais caem no mau hábito de depreciar um ao outro na presença de outras pessoas. Eles ridicularizam um ao outro, movidos por risadinhas que agridem o outro por algo que tenha dito, pela maneira como fala ou se veste, pelo quanto come ou gasta dinheiro. Essas pessoas fazem do circuito da festa um espetáculo, caçoando e insultando o seu cônjuge.

Isso pode equivaler a amaldiçoar um ao outro. O casal pode rir e parecer brincalhão a princípio — mas depois de um tempo, esse tipo de comportamento perde a graça. Se alguém fica constantemente fazendo piadas a meu respeito, começo a me perguntar se não é assim mesmo que ele *realmente* me vê.

A melhor maneira para o esposo ou a esposa sepultar um casamento é ficar soltando indiretas para o outro. Em vez disso, precisamos proferir bênçãos ao nosso cônjuge. Mesmo que você não pratique o humor depreciativo, seja pró-ativo e faça comentários positivos e elogios que encorajem seu cônjuge. Precisamos conferir as bênçãos de Deus um ao outro.

A palavra *bênção* vem da combinação de três termos: *desejo*, *bem*, e *palavra*. Assim, para abençoar nosso marido ou esposa, *proferimos* um *desejo* e um *bem*. Isso produz cura e acalma quaisquer cicatrizes trazidas pelo conflito. Quando a bênção marca o padrão de comunicação entre os cônjuges, o casamento avança para o estágio do amor maduro.

O psicólogo Nathaniel Branden estudou os hábitos de casais que têm por muitos anos um casamento feliz. Ele enfatiza nove meios pelos quais o casal pode manter seu amor aceso. Adivinhe qual é o primeiro?

"Meus próprios estudos," — escreve — "tais como os de outros conselheiros conjugais, mostram que casais felizes dizem consistentemente... '*eu te amo*'. Casais felizes expressam seu amor com palavras. Eles não dizem: 'Como é que você pode perguntar se eu amo você? Eu me casei com você, não casei?' 'Proferir palavras', atestou uma mulher, 'é uma maneira de tocar'".[6]

Se não quisermos apenas um casamento longo, mas um que melhore ano após ano, então precisamos aprender a mostrar efetivamente carinho por nossos cônjuges. Treine-se a *proferir* palavras abençoadoras e de aprovação. Certifique-se de que suas palavras a respeito de seu cônjuge — tanto em particular quanto na companhia de outras pessoas — sejam positivas, de elogio, de edificação e cura. Troquem palavras positivas entre si... E assistam às chamas se esquentarem entre vocês a cada bênção que usarem para atiçar o fogo.

2. Abra-se e confesse

O Filme *Uma História de Amor*, popular nos anos 70, baseado na novela também popular de Erich Segal, teve uma fala famosa, espalhada por toda parte — em adesivos de carros, pôsteres, colunas de jornais — e pior, tornou-se dito popular entre jovens apaixonados. A fala? "Amar significa nunca ter que pedir perdão".

Essa afirmação me deixa furioso! Nada poderia estar mais longe da verdade. Amar significa pedir perdão sim... E como! O amor maduro leva o marido a pedir perdão a sua esposa toda vez que ele percebe que a feriu de alguma forma. O amor maduro compele a esposa a dizer "desculpe-me" e a corrigir-se sempre que perceber ter ferido seu marido.

O apóstolo Tiago se expressa assim: "Confessai as vossas culpas uns aos outros e orai uns pelos outros, para que sareis" (Tg 5.16). Normalmente interpretamos esse versículo fazendo alusão a uma doença no corpo humano. O princípio também pode, no entanto, ser aplicado a um casamento doente. Se você quer ter um casamento radiante ao longo dos anos, então se abra e confesse seus pecados ao outro.

Para levar o casamento ao estágio "o melhor ainda está por vir" do amor maduro, o homem e a mulher devem admitir seus erros. Muitas vezes investem suas forças para "vencer" suas brigas conjugais. Mas achar sempre estar com a razão é sinal de imaturidade; a maturidade é a habilidade de admitir o erro, buscar perdão e prosseguir.

A confissão que cura feridas é específica em relação à ofensa cometida. Pode ser algo do tipo:

- "Desculpe-me por não ter prestado atenção antes ao que você disse quando quis falar comigo a respeito de sua mãe".
- "Por favor, perdoe-me por ter respondido com essas palavras sarcásticas".
- "Eu peço perdão por não tê-la / tê-lo consultado antes de comprar a cadeira".

Muitas coisas grandiosas acontecem quando nos humilhamos e confessamos nossos pecados específicos, tanto a Deus quanto ao nosso cônjuge. Linhas de comunicação se abrem. A cura acontece, até mesmo a cura para feridas antigas. E o melhor de tudo, quando confessamos nossas falhas um ao outro, nos aproximamos de Deus, que então derrama seu perdão e suas bênçãos sobre nosso casamento.

3. Não mude seu cônjuge, mude-se a si mesmo

Muitos casais começam no *altar* e só então seguem para o *altar*. Alguma coisa na natureza humana faz com que queiramos corrigir, melhorar, mudar, reparar e revisar as pessoas ao nosso redor. Mas no casamento, essa "tendência a avaliar" pode causar maiores problemas.

Eu levei dez anos de casamento para convencer Elizabeth Cody Newenhuyse de que não poderia transformar seu marido na visão venerada que tinha em seu cérebro. "Admita", ela escreve. "Todas tentamos mudar nossos maridos. Mas depois de 10 anos, eu finalmente abri os olhos... Fritz foi para Harvard, mas nunca aprendeu que um respingo líquido logo se torna um respingo sólido se não for imediatamente enxugado. Eu tentei educá-lo. Eu berrei, adulei, usei até mesmo a esponja de emergência para limpar. Mas nada mudou. Então decidi que era mesmo uma diferença hormonal: homens não limpam o fogão porque literalmente não veem o que foi derramado. Assim, em vez de ficar reclamando, eu vou lá e limpo em silêncio".[7]

Grandes problemas aparecem quando acreditamos que é nosso dever mudar a pessoa com quem nos casamos. Talvez a esposa acredite que possa mudar seu marido e torná-lo mais organizado e caprichoso, ou talvez o marido pense que possa tornar sua esposa uma amante mais passional. O resultado é geralmente frustrante — ou pior que isso.

Eu não sei quem foi que nos disse que é nossa tarefa mudar as pessoas ao nosso redor, mas temos que desistir dessa ideia — especialmente em nossos casamentos. Precisamos parar de tentar envergonhar e manipular nossos cônjuges a fim de que se tornem o que queremos que sejam. E precisamos parar de pedir a Deus que mude nossos cônjuges de acordo com a nossa própria ideia de perfeição.

Eu sou responsável por mudar apenas uma pessoa, e essa pessoa sou eu mesmo (e, na realidade, é o Transformador quem faz isso!). Não é meu dever nem é seu dever mudar quem quer que seja, a não ser a nós mesmos. Não é meu dever nem mesmo mudar Jo Beth ou nossos três filhos e suas famílias. Aceite seu marido ou esposa incondicionalmente e deixe que Deus trabalhe nas mudanças necessárias.

Anos atrás ouvi a história do casamento de Dorothy Payne com um rapaz apelidado de Jimmy; ele a chamava de Dolly. Dolly, vinte anos mais nova que Jimmy e bem rechonchuda, adorava se vestir com cores vivas. Em eventos sociais, Dolly era sempre o centro das atenções; todos a conheciam como a vida da festa. Jimmy, por outro lado, levava tudo muito a sério. Sua aproximação mais reflexiva e acadêmica tornava-o um clássico introvertido. Em vez de se vestir com cores vivas e estilizadas, ele se vestia como um defunto a caminho do próprio funeral.

Mas no casamento, nem Dolly nem Jimmy tentavam mudar o outro. Ele adicionou um pouco de gravidade à personalidade efervescente dela, e ela trouxe senso de humor à natureza reservada dele. Quando certa vez questionada a respeito de uma decisão que seu marido tomara, Dolly simplesmente respondeu: "Eu espero que meu marido esteja sempre certo, mas estando certo ou errado, ele é meu marido". Pelo fato de não tentarem mudar um ao outro, viviam um lindo relacionamento. Na verdade, ela se sentia extremamente feliz por estar casada com Jimmy — James Madison, quadragésimo presidente dos Estados Unidos.

CONSTRUINDO UM CASAMENTO *MADURO*

Ao avançar no desenvolvimento de um amor conjugal maduro, observe os seis seguintes pontos. Para tornar-se maduro, seja...

1. Motivado. Ninguém completa nada que valha a pena sem motivação própria. Construir um casamento requer trabalho pesado, e para encontrar a energia necessária para realizá-lo você deve encontrar motivação em si mesmo. Mas isso não deveria ser difícil. Você quer um casamento feliz e duradouro? Quer agradar e bendizer a Deus? Você quer ser um exemplo atrativo do que Jesus pode fazer no coração de uma pessoa? Quando passar a se lembrar constantemente do objetivo e da recompensa, você encontrará a motivação.

2. Atencioso. A atenção é a chave para qualquer bom casamento, assim como a desatenção é um sintoma da insalubridade dele. Preste atenção nos pensamentos, sentimentos e necessidades de seu cônjuge. Torne-se um estudioso de seu cônjuge. Tome nota do que ele gosta e do que não gosta, de suas forças e fraquezas, das coisas que o irritam e de seus prazeres. Anote-os e então trabalhe em cima deles. Ninguém pode reacender o casamento e prosseguir para o terceiro estágio do casamento sem desenvolver hábitos de carinho.

3. Carinhoso. O apóstolo Paulo nos diz para sermos "benignos" (Ef 4.32). Qualquer homem que queira ter um casamento bem-sucedido precisa aprender a ser carinhoso com sua esposa. Do mesmo modo, até mesmo o maior, mais difícil e mais rude homem precisa do carinho de sua mulher. Portanto, prossiga no seu caminho para encontrar métodos criativos que demonstrem seu carinho — e use-os todo dia.

4. Compreensivo. Para compreender nossos cônjuges, precisamos praticar nosso terceiro mandamento do casamento. Lembra-se? "Comunicar-te-ás *continuamente.*" A comunicação efetiva entre um homem e uma mulher requer trabalho, mas aflora. E é a chave para compreendermos nossos cônjuges — entendendo como falam; percebendo os sinais não-verbais e os intencionais; e como respondem ao que comunicamos. Vá além da sua própria compreensão limitada e descubra como seu cônjuge melhor percebe. Mas se você pular este passo essencial, não alcançará o estágio "o melhor ainda está por vir".

5. Respeitoso. Todo mundo quer se sentir respeitado para saber que suas opiniões e pensamentos têm valor para o outro, particularmente para o cônjuge. Em Efésios capítulo 5 sugere-se uma série de reverências entre esposo e esposa, um respeito muito mais profundo do que em outros relacionamentos. Sujeitar-se um ao outro com respeito, é claro, não significa que duas pessoas sempre concordam com alguma coisa. Mas significa, entretanto, que ambas honram uma à outra, mesmo quando não têm o mesmo ponto de vista. Esse respeito dá aos esposos e às esposas a capacidade de se sujeitar um ao outro.

6. Empolgado. O estágio "o melhor ainda está por vir" pode nos dar mais emoção do que até mesmo os primeiros meses do estágio "lua de mel". Eu posso pessoalmente confirmar que nenhuma parte do meu casamento foi mais empolgante ou realizadora do que o atual estágio de amor maduro no qual Jo Beth e eu trabalhamos. Quando você puder dizer: "Nossos momentos são agora muito mais emocionantes e prazerosos. Eu amo envelhecer e ver nosso amor se fortalecer a cada dia em que estamos juntos", seu amor é maduro. Esse amor cresce e amadurece apenas com tempo e dedicação.

ENVELHEÇA AO MEU LADO

Todos queremos um casamento "o melhor ainda está por vir", no qual nosso amor crescerá e durará. Com isso em mente, vou citar uma estrofe que se encontra na parte final no poema de Browling, "Rabbi Ben Ezra". Não lemos esse pedaço no dia da nossa cerimônia de casamento, mas Jo Beth e eu fazemos dele parte do nosso casamento. Recomendo que você também o faça.

Não diga apenas uma vez "Sê tu louvado!"
Eu vejo toda a criação,
Eu, que vi o poder, vejo também agora o amor perfeito:
Perfeito é o teu plano:
Agradeço por ter sido feito um homem!
Criador, refazes, aperfeiçoa, — Eu confio no que farás!

REFLETINDO SOBRE SEU RELACIONAMENTO

1. De que maneira significativa você "trabalha" para fazer seu casamento feliz, passional e amoroso? Explique.
2. Em que estágio do casamento você está hoje? Que passos precisa dar para avançar para o próximo estágio?
3. Você considera ter um casamento passional e amoroso agora? Explique. O que você pode fazer para torná-lo assim?
4. Em que áreas do amor maduro você é forte? Explique. Onde você é fraco e o que pode fazer a esse respeito, a começar de hoje?

UMA PALAVRA PESSOAL

Recomeçarás Continuamente

Se você ainda não experimentou a emoção de recomeçar, está lhe faltando um tijolo básico na construção do casamento! Se seu casamento é chato ou caiu na rotina, precisa urgentemente deste capítulo. Leia nas entrelinhas e será surpreendido com a mudança que ocorrerá em você e em seu cônjuge.

— E.Y.

Mandamento 9

Recomeçarás Continuamente

No verão de 2000, A rede de televisão CBS apresentou à América um novo estilo de programa, o "reality show". O intragável show *Survivor* (Sobrevivente) reuniu dezesseis homens e mulheres numa competição e os exilou em uma ilha deserta no Sul do Mar da China.

Os participantes daquela temporada do seriado e também das subsequentes eram desafiados a superar, vencer e permanecer no jogo por mais tempo que os outros, ao mesmo tempo em que cultivavam seus relacionamentos — tão fortes quanto o denso bambu. Tinham que construir abrigos, encontrar madeira e se virar para sobreviver naquele impiedoso ambiente em um local remoto e bem escolhido (e mantido em segredo para aumentar o suspense).

Apesar de concorrentes bem-sucedidos terem que trabalhar em cooperação, toda semana se reuniam numa espécie de "concelho tribal" para eliminar o concorrente mais fraco. Por fim, o sobrevivente ganhava um milhão de dólares (e normalmente um convite para aparecer no *Late Show** com David Letterman).

* **N. do T.:** O *Late Show* com David Letterman é um famoso programa televisivo americano, no qual são apresentados, com um toque de humor, diversos quadros que tratam das notícias da atualidade.

Apesar de a ação no *Survivor* sempre ter um fim, há uma temporada "sobrevivente" que nunca acaba. Ela chama-se *casamento*.

Assim como as estrelas de *Survivor*, o marido e a esposa precisam cultivar seu relacionamento em um ambiente hostil. E embora um casal normal não tenha que construir a vida em uma floresta ou numa ilha deserta como Bornéo, tem que estabelecer um lar em climas adversos que geralmente não são favoráveis nem ao casamento nem à família.

ÍNDICES DE SOBREVIVÊNCIA

Imagine que formamos um grupo de turistas em direção à Disney World. Cada um de nós dirige seu próprio carro. Mas antes de partir, somos informados de que metade dos carros do nosso grupo sofrerão acidentes que afetarão dramaticamente o resto de nossas vidas.

Você não dirigiria com extrema cautela? Eu sim. Recusaria todas as ligações para o meu celular, nunca pensaria em procurar meu DVD ou CD favorito e faria uma parada ao primeiro sinal de sonolência. Eu passaria algum tempo mapeando minha rota e escolhendo o caminho mais seguro possível. Eu faria tudo que pudesse para ter certeza de que não acabaria me encaixando nos 50% piores daquela estatística.

Boas notícias: a estatística não se aplica a visitantes a caminho da Disney World. Então faça uma boa viagem, e com segurança! Más notícias: a estatística *se aplica* aos casamentos. Os estatísticos nos dizem que metade dos que dizem "sim, eu aceito" nos Estados Unidos dirigem-se à ruína conjugal. Tragicamente, os índices são quase os mesmos para aqueles que professam serem cristãos.

Acredito, sem dúvidas, de que hoje o problema número um em nosso país seja o divórcio. Quando o relacionamento fundamental no lar é negligenciado, fica marcado não só o casal, mas os filhos, os sogros, os avós, os amigos e até mesmo a igreja. Seria muito difícil dizer quais das doenças sociais não podem ser apontadas como influentes no rompimento de famílias. Existe qualquer dúvida de que Deus odeie o divórcio (Ml 2.16)?

Qual é o segredo da sobrevivência? Acredito que a resposta esteja no nosso nono mandamento do casamento: *Recomeçarás continuamente*.

O nosso Deus é o Deus da segunda chance. Ele começa cada dia renovando suas misericórdias sobre nós. O profeta Jeremias testemunhou os inesperados sofrimentos e horrores quando escreveu: "As misericórdias do Senhor são a causa de não sermos consumidos; porque as suas misericórdias não têm fim. *Novas são cada manhã*; grande é a tua fidelidade" (Lm 3.22,23, grifos do autor).

Essa é uma das coisas que eu mais amo e aprecio em Deus. Ele é um Deus que redime, que tem prazer em tomar o que estava danificado, ferido, e deixado à morte, e fazê-lo novo, vivo e crescente. Em suma, Ele é um Deus que renova.

Seria difícil encontrar muitos casamentos duradouros em que um dos parceiros não seja grato pela oportunidade de "recomeçar". Somos humanos, e nossos cônjuges também. Mas se desejarmos fazer o que for necessário, não haverá nada em nossos casamentos que não possa se recuperar.

FUNDAMENTOS IMPERFEITOS

De uma perspectiva humana, não podemos chamar muitos casamentos de "uma união feita no céu". Acredito que a maior parte dos casamentos começa com uma série de problemas, conflitos ou decepções. Muitos começam com uma terrível rivalidade entre ambas as famílias, com duas pessoas imaturas que não parecem ter muito em comum, ou até mesmo com uma gravidez inesperada.

Talvez você se pegou pensando, neste momento, em alguns casais: *aqueles dois não têm a mínima chance! Dou um ano a eles, no máximo dois.* Devo admitir que já vi casais a caminho do altar e me perguntei se tinham alguma ideia do quão difícil um casamento pode ser, até mesmo para os casais mais amáveis e carinhosos.

Nos meus quarenta e tantos anos como pastor, já ouvi todo tipo de motivo ou desculpa possível de cônjuges desgostosos porque seus casamentos não estavam dando certo. A maioria das razões tem a ver com um princípio problemático:

- "Ela não gosta de nenhum dos meus amigos!"
- "Nós começamos mal porque não tivemos a festa de casamento que eu queria".
- "Ele nunca se dá bem com meus pais. Eu pensei que isso mudaria, mas só piorou!"

- "Quando estávamos namorando, parecíamos ter tanto em comum. Agora ele não gosta de nada do que eu gosto!"
- "Ela era tão carinhosa quando namorávamos. Agora ela só fica reclamando de tudo que faço!"
- "Ele não diz nem faz mais nada romântico!"

Durante o namoro, todos tendemos a mostrar o melhor de nós. Faz sentido. Estamos sempre com boa aparência, vestimos o melhor que temos e até mesmo pensamos e nos comportamos consideravelmente bem. Fazemos todas essas coisas para dar a nossa pessoa amada a ideia de que já éramos assim antes de conhecê-la, que somos assim agora e seremos depois de muitos anos de casados. Queremos que esse "outro tão significativo" pense que acertou em cheio no alvo.

Que decepção!

Não estou querendo dizer, é claro, que armamos intencionalmente para enganar. A maioria de nós entra no casamento com as melhores e mais honrosas intenções. Mas quando você vive ano após ano com a mesma pessoa, é inevitável que o "verdadeiro você" acabe vindo à tona. E quando isso acontece, a visão nem sempre é bela.

Em um best-seller do século XIX, intitulado *The Royal Path of Life* (A Trajetória Régia da Vida), os autores T. L. Haines e L. W. Yaggy defendem que "o namoro é um grande plano de decepção". Cedo ou tarde a realidade aparece, quando "todo dia algo novo e desagradável se revela. O personagem do namoro desaparece, e com ele o amor. Aí vem a decepção, o arrependimento, a tristeza. Eles descobrem que suas personalidades são totalmente avessas".[1]

Uma base ilusória certamente pode levar o casamento a um começo instável. Mas mesmo assim, não lave suas mãos e desista de seu cônjuge, de seu casamento ou de si mesmo. Você pode recomeçar o seu casamento, não importa quão imperfeitos sejam seus fundamentos.

Mais a frente, neste capítulo, vou sugerir alguns passos práticos para ajudá-lo a recomeçar o seu casamento. No entanto, primeiro vamos dar uma olhada num casamento que teve um começo, no mínimo, bastante instável!

UM CASAMENTO "SEM CHANCE"

O Grande Enganador

A Bíblia nos mostra uma forte cena de um casamento que a maioria das pessoas diria não ter a menor chance de sobreviver. A noiva não era a primeira escolha do noivo. Na verdade, ela não estava nem mesmo perto de ser a segunda! Com isso, o casamento começou com decepção.

Um homem chamado Jacó estrelou seu romance já abalado. Só para lhe dar uma ideia de que tipo de homem era o "grande Jacó", seu nome significa "usurpador". No Texas, prefere-se usar o sinônimo "impostor!" Esse artista trapaceiro tomou a herança do irmão enganando seu próprio pai. Ele desenvolveu uma fama de um tipo de "espertalhão" (veja Gn 27 para acompanhar suas espertezas para com seu pai e seu irmão).

Jacó se "apaixonou perdidamente" por Raquel quando a viu pela primeira vez. A Bíblia diz que ele a beijou na primeira vez em que se encontraram e então ele soube que "era ela"! Então Jacó foi até o pai de Raquel, Labão, que era também tio de Jacó. Em Labão, Jacó encontrou um rival — um homem tão sutil que tinha cada movimento tão astuto quanto os de uma raposa. Labão resolveu obter algum lucro às custas de Jacó. Assim, quando Jacó pediu a Labão a mão de Raquel em casamento, a velha raposa respondeu: "Se você quiser minha filha Raquel, terá que trabalhar para mim por sete anos".

Tudo bem para Jacó! A Bíblia diz que Jacó amava tanto Raquel que os sete anos "foram aos seus olhos como poucos dias" (Gn 29.20). Ele trabalhou duro para Labão, dia após dia, mês após mês, ano após ano. Quando ficava cansado ou desmotivado, devia olhar ao redor até encontrar sua futura noiva e então renovava suas energias. O tempo voava!

Finalmente o dia do casamento chegou — uma grande festa com música, dança, risos e vinho. Jacó olhava a linda esposa e os pais orgulhosos, as irmãs e as sobrinhas dando risadinhas e os irmãos e os sobrinhos travessos. E o vinho fluía. Parece que Jacó bebeu bastante dele.

Jacó, sem dúvida um pouco tonto por causa do vinho, e sua esposa se retiraram para consumar seu casamento na noite de núpcias. Na manhã seguinte, Jacó acordou, provavelmente esfregando os olhos embaçados das festividades da noite anterior e da ressaca. Lançou um olhar furtivo na direção de sua amada, a quem agora podia ver claramente à luz da manhã. Jacó então voltou rapidamente os olhos para ela. Essa não era Raquel, mas Léia, sua irmã!

Ele fora enganado! Agora o trapaceiro havia se tornado o trapaceado.

Jacó deu um pulo do colchão, vestiu sua túnica e saiu de repente da tenda à procura de Labão.

— O que foi que você me fez? — perguntou Jacó ao seu sogro. — Eu trabalhei sete anos para merecer a mão de Raquel em casamento, e você me enganou!

— Ah, falando nisso — respondeu Labão — teve uma coisa que esqueci de mencionar.

Jacó olhou firmemente para Labão.

— Não é nosso costume por aqui casar primeiro a filha mais nova. Vou lhe dizer o que vamos fazer. Trabalhe para mim por mais sete anos e eu lhe dou Raquel agora mesmo. (Leia a versão literal em Genêsis 29.21-28).

Maus Começos

Assim, Jacó arrematou duas esposas. Mas espere; a situação rapidamente se tornou anda mais complicada. Labão deu criadas tanto a Léia quanto a Raquel, assim entram em cena Bila e Zilpa. E Jacó se viu em uma família com duas esposas e suas duas servas.

Você consegue imaginar um casamento com um começo pior do que esse?

A história continua. Aparentemente Jacó não amava Léia porque ela "tinha olhos tenros" (Gn 29.17). Isso não significa que ela era estrábica, mas que não tinha ardor em seus olhos — não tinha química. Parece que ela era vagarosa e desinteressante. Até seu nome significa "vaca"; precisa-se dizer mais alguma coisa?

Mas Raquel *tinha*! A Bíblia a descreve como formosa e bela. Ela tinha energia, ardor, carisma e química.

Não obstante, Léia começou a dar à luz filhos a Jacó — quatro meninos sucessivamente. Esses acontecimentos perturbaram Raquel. Até então ela não havia conseguido ter nenhum filho. Então ela decidiu tentar de outro jeito.

De acordo com os costumes daqueles dias, ela trouxe Zilpa, sua criada, a Jacó, que ficou grávida de um filho dele. Assim que o menino nasceu, foi posto nos joelhos de Raquel e tornou-se, para todos os efeitos práticos, seu próprio filho. Um tempo depois, Zilpa teve outro filho para Raquel, que agora podia dizer a Léia: "Alcancei você; tenho tanto prestígio com Jacó quanto você!" (paráfrase do autor; veja Gn 30.1-8).

Vamos ver o que acontece depois. Léia fica preocupada; ela não engravidou mais por algum tempo. Ela então imagina que o que valeu para Raquel valerá também para si. Assim ela envia sua serva, Bila, em seu lugar, e *a* apresenta a Jacó. Bila concebe e dá à luz um filho, e depois outro.

Assim Jacó está vivendo agora com quatro mulheres — quatro mulheres infelizes, competitivas e murmurantes. Léia se anima um pouco quando fica grávida mais uma vez. Ela tem um filho, e depois outro, e depois também dá à luz uma menina.

Ual! Acho melhor decretarmos "tempo esgotado". Eu posso apostar que ninguém, nem mesmo com o mais cínico senso de humor, poderia encarar um cenário mais disfuncional do que esse. Até mesmo em nossos dias, quando a ideia geral de casamento e família torna-se cada vez mais confusa e embaralhada, é difícil imaginar um começo pior do que o do casamento de Jacó. O motivo? Esse casamento começou com bases de decepção, e a decepção envenena o casamento desde o princípio.

Isso já seria o bastante para causar dores de cabeça a qualquer homem, mas não era o único problema na família disfuncional de Jacó. Não se esqueça do mais poderoso desafio! Duas mulheres e duas concubinas competindo pelo prestígio de dar à luz filhos, uma grande honra entesourada naquela cultura. Elas investiam cada fio de cabelo nisso, disputando uma com a outra por supremacia.

SUPERANDO MAUS COMEÇOS

Você acharia surpreendente que esse casamento que começou de maneira repugnante tenha tido na verdade um fim espetacular? Temos uma pista disso quando a Bíblia nos diz que Raquel tinha ciúmes de Léia (Gn 30.1).

Raquel, com ciúmes de Léia? A mulher que Jacó amou tão apaixonadamente e com quem queria se casar primeiro, com ciúmes daquela a quem a Bíblia diz que ele não amava?

Evidentemente alguma coisa aconteceu entre Jacó e Léia. Quando Jacó decidiu se mudar com sua família, seus rebanhos e posses de volta para sua terra natal, Canaã, ele convenceu Raquel *e* Léia (Gn 31.4). Isso nos dá uma evidência de que Léia, que não era a favorita de Jacó, ganhara proeminência aos olhos de seu marido.

Mas o que realmente mostra o desenvolvimento do relacionamento entre Jacó e Léia vem na hora da morte. Raquel morreu durante uma viagem da família e Jacó a sepultou à beira da estrada, perto de Belém. Mas quando Léia morreu, Jacó a sepultou no campo de Macpela, o lote da família, um lugar de honra — onde jaziam Abraão e Sara, junto de Isaque e Rebeca. Jacó também seria sepultado lá quando morresse. Jacó poderia ter dado um jeito de transportar o corpo de Raquel até o lugar do enterro, mas nunca o fez. O lugar ao seu lado na morte pertenceu a Léia.

Ainda mais significativo é que, seria através de Léia — a mulher com a qual Jacó se casou enganado —, e não de Raquel, que o Messias viria. Pela linhagem de Judá, filho de Jacó e Léia, Cristo veio a este mundo.

O casamento que começou tão drasticamente terminou forte! A história de Jacó, Léia e Raquel demonstra um princípio importante: *maus começos não são decisivos para o casamento.* Não importa quão mal nossos casamentos possam ter começado, eles podem terminar fortes se permitirmos que Deus os cure e renove.

SEIS PRINCÍPIOS PARA O RECOMEÇO

Se a fórmula para a felicidade conjugal pudesse ser compilada em uma pílula, ela seria a "Vitamina A". Todos os seguintes elementos de restauração, ou recomeços, iniciam-se pela letra "A" e são baseados nas Escrituras, listadas com eles.[2] Voltamo-nos sempre à Bíblia, não é? Isso acontece porque a maneira de Deus dá certo — no casamento e em toda a vida! Por isso, a aplicação fiel dos princípios bíblicos é capaz de trazer nova vida e vitalidade a qualquer casamento, não importam as condições. E isso inclui o seu e o meu.

Aqui estão seis elementos, ou princípios, para recomeçar o casamento.

1. Aceitação

Portanto, aceitem-se uns aos outros, da mesma forma que Cristo os aceitou, a fim de que vocês glorifiquem a Deus (Rm 15.7 – NVI).

Sem aceitação, a fé cristã, assim como a conhecemos, poderia não existir. Similarmente, sem aceitação, nenhum casamento poderia sobreviver às diferenças que certamente emergem quando duas pessoas vivem juntas. Devemos aceitar um ao outro da mesma forma como Deus nos aceitou — incondicionalmente.

Muitas pessoas acreditam que a maioria dos maridos e esposas tem estilos e personalidades opostos. Todos conhecemos o ditado: "Os opostos se atraem". Em muitos casos, de volta aos nossos dias de namoro, queríamos alguém que pudesse "mexer" conosco. A natureza despojada dele a ajudava a "se soltar". A tendência dela ao planejamento encontrou um contraponto na espontaneidade de seu amor divertido. Víamos em nossos "opostos" aquelas características que desejávamos possuir, assim se encaixava perfeitamente estar com a outra pessoa.

Mas depois do casamento — depois de passar mais tempo vivendo juntos sob o mesmo teto — aquelas pequenas diferenças não pareciam mais tão pequenas. O que outrora parecia atraente, agora se torna um ponto de contenda sério, e as coisas que outrora provocavam tanta paixão, hoje são trombetas que declaram a guerra.

Se você quer recomeçar seu casamento, precisa aprender a aceitar o outro, completa e incondicionalmente. Você terá que observar as imperfeições e idiossincrasias de seu cônjuge em oração e perceber que, já que o próprio Cristo achou essa pessoa aceitável, você também deve aceitá-la.

Deus nos fez únicos e totalmente diferentes uns dos outros. Mas somos todos feitos à imagem de Deus. Quando olhamos para os outros, especialmente para aquela pessoa com quem fizemos um compromisso para toda a vida, como podemos deixar de aceitá-la e amá-la, assim como prometemos fazer quando estávamos diante do altar e dissemos "sim, eu aceito?"

2. Atenção

Tendo purificado a vossa alma, pela vossa obediência à verdade, tendo em vista o amor fraternal não fingido, amai-vos, de coração, uns aos outros ardentemente (1 Pe 1.22 - ARA).

À primeira vista, esse versículo parece óbvio. É claro que temos que amar uns aos outros se quisermos restaurar nossos casamentos e recomeçar. Isso nem precisa ser dito — mas Deus diz. Por quê? Porque precisamos ouvir isso sempre.

Sabemos que devemos amar uns aos outros. A questão é: *como* fazemos isso? O que precisamos na verdade *fazer* para colocar a ação atrás das palavras *eu amo você*?

Isso não é tão complicado quanto algumas pessoas imaginam. Na verdade, eu simplificaria dizendo que outra forma de soletrar *amor* é A-T-E-N-Ç-Ã-O. Nada demonstra mais claramente o amor do que a *atenção*.

Quando eu era criancinha e algumas pessoas iam à minha casa, imediatamente me tornava um acrobata. Eu dava saltos mortais, fazia malabarismo ou me pendurava pelos pés no quintal fazendo "trapézio". E para fazer ainda melhor do que tudo isso, eu até mesmo cantava! Ficava ávido por prender a atenção da visita. Acredito que muitos esposos e esposas, de forma semelhante, dariam saltos mortais, dançariam e cantariam se pensassem que isso faria com que seus cônjuges prestassem mais atenção neles.

Certo jovem veio a mim em lágrimas por causa de um relacionamento que acabara. Ele pensou que tivesse encontrado a menina dos seus sonhos. Eles pareciam perfeitamente feitos um para o outro. Nunca se ouvia o nome dele sem o dela e vice-versa. Todos sabiam que os dois eram muito unidos. Mas um dia ela terminou o namoro. Nas palavras dele, ela o "jogou fora".

— O que aconteceu? — perguntei.

— Eu não prestei atenção — respondeu. — Eu fiquei ocupado fazendo todo tipo de coisas, e acabei falhando em dar atenção a ela.

Parece que nós homens precisamos de um "tutorial" sobre este assunto. De algum modo, dar atenção parece ser um pouco mais natural a nossa contraparte feminina. Pelo menos em nossa família é assim. Jo Beth é especialista em dar atenção. Então, maridos, deixe-me lhes dar algumas sugestões simples a respeito de dar atenção às suas esposas. Esposas, isso não significa que vocês ficam de fora! Eu também lhes recomendo seguir as mesmas sugestões:

- Elogie a aparência dela;
- Dê-lhe um pequeno sinal do seu amor (flores, cartões...);
- Mude sua maneira de agradecer a ela por algo que tenha feito bem — até mesmo pelas tarefas domésticas diárias;
- Ligue para ela no meio do dia apenas para conversar um pouco;
- Elogie-a e encoraje-a na frente de outras pessoas.

Você pode, de inúmeras formas, dar ao seu cônjuge a atenção que ele merece. Seja criativo. Seja espontâneo. Mas *preste atenção* nele! Você poderá se maravilhar com o quanto esse tipo de atenção pode ajudá-lo a "sempre recomeçar" em seu casamento.

3. Ajustamento

Sujeitando-vos uns aos outros no temor de Deus (Ef 5.21).

Esse versículo ensina a sujeição mútua. Se quisermos ter casamentos felizes, precisamos aprender a nos sujeitarmos um ao outro. E fazemos isso quando aprendemos a nos *ajustar* às necessidades, desejos, objetivos, sonhos e até mesmo às idiossincrasias do outro.

Muitas pessoas entram no casamento convencidas de que podem mudar seu cônjuge. Elas identificam algumas pequenas falhas em seus maridos ou esposas, talvez um hábito, uma tendência, uma sutileza no modo de vida ou até mesmo um hobby inofensivo. Então ameaçam, coagem, lisonjeiam ou usam alguma outra forma de pressão para mudar o traço ou comportamento indesejado — normalmente com resultados dolorosos ou desastrosos. Em vez de *ajustamento*, escolhem o *agravamento*.

Agora leia isto cuidadosamente: Você *não pode* mudar seu marido ou esposa. Eu não posso mudar Jo Beth e ela não pode me mudar. Mas ambos aprendemos a ceder e a receber a fim de nos "ajustarmos" um ao outro.

Infelizmente, muitos passam a vida incapazes ou indesejosos de se ajustar aos outros. Tornam-se inflexíveis — egoísmo do tipo mais destrutivo — e em dado momento isso leva ao rompimento do relacionamento. Muitos casamentos se condenam desde o princípio porque um ou ambos os parceiros se negam a se sujeitar um ao outro, a fim de se ajustarem aos seus próprios compromissos, desejos e necessidades.

Felizmente as pessoas podem mudar. Eu sei... Acabei de dizer que você não pode mudar seu cônjuge, mas isso não significa que você e seu cônjuge não possam mudar! Deus é quem opera a mudança. Ele faz tudo novo[3] — e isso se aplica também aos nossos casamentos.

Então, se você realmente quer recomeçar seu casamento, peça ao Senhor para que mude você por dentro. Peça perdão a Ele por seu egoísmo e inflexibilidade. E depois peça a Ele que lhe mostre onde é que você precisa se ajustar ao seu cônjuge.

Você sabe o que vai acontecer? Ele o ajudará a encontrar maneiras de ajustar seu próprio coração e mente às necessidades, desejos e objetivos de seu cônjuge. Seu marido ou esposa verá o "novo você", e ele ou ela também será mudado.

Deus nunca quer que nos preocupemos em mudar as outras pessoas, mas a nós mesmos. Mas em seus propósitos, parece que mudar-nos significa, por fim, acabar mudando também a outra pessoa!

4. Anistia

Antes, sede uns para com os outros benignos, misericordiosos, perdoando-vos uns aos outros, como também Deus vos perdoou em Cristo (Ef 4.32).

O perdão está no coração do cristianismo e está no coração de qualquer casamento saudável. Não foi muito tempo depois de dizer "sim, eu aceito" que percebi que o perdão é um ingrediente essencial do casamento feliz. É por isso que cito esse versículo a todo casal que se põe à minha frente, diante do altar. Mais do que qualquer outro versículo, este guarda a chave para ajudar o marido e a esposa a superarem qualquer coisa. Se todo casal pusesse essas palavras em prática, os índices de divórcio despencariam.

Note que escolhi a palavra *anistia* em vez de *perdão*. A palavra *anistia* vem da palavra grega que significa "esquecimento". Enquanto perdão significa cancelar todas as dívidas e culpas por um erro cometido, anistia dá um passo à frente nesse processo, declarando o ofensor ou devedor inocente de toda a culpa. É como se a ofensa nunca tivesse acontecido! A anistia requer um empenho deliberado para se sobrepujar às ofensas.

Ao longo dos anos, encontrei muitos casais que carregam rancores um contra o outro, muitas vezes por coisas que aconteceram há anos, até mesmo há décadas. Mesmo não sendo o casamento algo fácil, podemos tornar o caminho muito menos esburacado ao perdoar nossos maridos e esposas por seus erros — sempre e sempre, assim com Deus, por intermédio de Cristo, nos perdoou.

5. Apreço

Pelo que exortai-vos uns aos outros e edificai-vos uns aos outros, como também o fazeis. (1 Ts 5.11)

Nesse versículo, Paulo nos fornece dois componentes do *apreço*: exortação e edificação. A palavra usada no Novo Testamento para "exortar" é na verdade a combinação de duas palavras. O primeiro termo significa "andar junto" de alguém, de modo a apoiar e confortar a pessoa em sua jornada pela vida. A outra palavra refere-se ao "chamado" que alguém recebe. No casamento, Deus chamou Jo Beth e eu para andarmos pela vida, lado a lado, exortando e confortando um ao outro para onde quer que nosso caminho nos leve. E você não pode exortar alguém neste caminho sem demonstrar apreço.

Vemos que o segundo componente do apreço é a palavra traduzida como "edificar". O termo grego original significa "construir uma casa". Paulo escreve que somos "templos de Deus" (1 Co 3.16). Por isso, um cônjuge procura construir no outro um templo resplandecente, não um "barraco!" Eu quero que Jo Beth seja a maior casa que há por perto, e ela deseja o mesmo para mim. Quando mostro ou expresso meu apreço por ela, é como se eu construísse com pedras valiosas, camada por camada, elevando-a cada vez mais alto.

Quando exortamos e edificamos nossos cônjuges, algo diferente acontece. Pense no que acontece quando você compra e reforma um terreno. Ele se torna mais valioso; seu valor é *apreciável*.

A mesma coisa acontece quando exortamos e edificamos nossos cônjuges. Eles são apreciados como pessoas. Nossas expressões de apreço são, de fato, capazes de ajudar nossos maridos ou esposas a se tornarem melhores!

Essas doses de apreço devem ser aplicadas diariamente. Em Hebreus 3.13 diz: "Exortai-vos uns aos outros todos os dias". Deveríamos fazê-lo toda vez que nos deparássemos com algo louvável em nossos cônjuges.

6. Afeto

O marido pague à mulher a devida benevolência, e da mesma sorte a mulher, ao marido (1 Co 7.3).

Quando você pensa na palavra *afeto*, o quem vem à sua mente? Toques carinhosos? Abraços grandes e apertados? Um braço carinhoso colocado sobre os ombros? Podemos demonstrar afeto de várias formas, de um simples toque na mão até o ato de intimidade sexual entre esposo e esposa.

Alguns anos atrás, escrevi um livro intitulado *Romancing the Home: How to Have a Marriage That Sizzles* (Romantizando o Lar: Como Ter um Casamento Ardente). Uma parte do livro faz alusão ao estudo do Dr. Willard Harley sobre as cinco maiores necessidades dos esposos e esposas. Esse estudo revelou que enquanto "satisfação sexual" é a necessidade número um que os maridos têm em relação às esposas, "afeto" é a necessidade número um que as esposas têm em relação aos maridos. Até hoje, essa mensagem (intitulada "Por que Abraçar?") permanece sendo a fita mais pedida na história do nosso ministério na mídia.

A necessidade de afeto que a esposa tem é tão forte que a falta dele pode levá-la a ter um caso extraconjugal. A maioria dos conselheiros profissionais concorda que as mulheres são infiéis por razões completamente diferentes das dos homens. Enquanto uma necessidade sexual insatisfeita pode levar o marido a procurá-la em outro lugar, a esposa pode ser literalmente "abraçada" por um caso se for desprovida de afeto.

O afeto fornece uma "atmosfera" para o relacionamento. Por isso é vital que os cônjuges atendam às necessidades um do outro nesta área. Uma boa maneira de se começar é com um abraço simples, mas afetuoso. Afinal, um abraço pode fazer maravilhas!

> É a cura perfeita para o que o aflige. Sem partes removíveis; sem baterias para carregar; sem avaliações periódicas; baixo consumo de energia; alta produção de energia; à prova de inflação; sem impostos; não poluente; e, é claro, totalmente retornável. Abraçar é saudável. Alivia as tensões, combate a depressão, reduz o estresse e melhora a circulação sanguínea. Revigora, rejuvenesce, eleva a autoestima, gera bons desejos, não tem efeitos colaterais desagradáveis. Não é nada menos do que uma droga milagrosa.[4]

O afeto não é reservado somente para mulheres. É uma necessidade fundamental de todo ser humano. Se você não acredita, observe uma mãe com seus filhos. Você vê toques, abraços, beijos — todos são atos de afeto que reforçam a compreensão das crianças de que são especiais. A mãe sabe instintivamente que seus filhos precisam de atenção amorosa.

Nós, pais, estamos melhorando um pouquinho nesse ponto. Eu sempre procurei mostrar afeto aos meus meninos: um abraço, um tapinha nas costas, até mesmo um beijo. Eu ainda mostro esse afeto, apesar de os três já estarem bem crescidos e terem seus próprios filhos. Eles fazem um bom trabalho mostrando seu afeto a suas esposas e filhos.

No casamento, a intimidade sexual é uma expressão vital de afeto. Como nosso versículo-chave, 1 Coríntios 7.3, afirma: "O marido pague à mulher a devida benevolência, e da mesma sorte a mulher, ao marido". Deus deu este dom belo e sagrado como uma sugestão primária para que o casal compartilhe seu afeto um com o outro.

É tão importante, que Paulo nos diz que "a mulher não tem poder sobre o seu próprio corpo, mas tem-no o marido; e também, da mesma maneira, o marido não tem poder sobre o seu próprio corpo, mas tem-no a mulher" (1 Co 7.4). O sexo não é algo que os casais fazem simplesmente por prazer, é também um dever mútuo para o benefício de cada um. Quando praticado do modo como a Bíblia ensina, a intimidade sexual pode afastar o problema da tentação sexual fora do casamento.

Paulo exorta os coríntios: "Não vos defraudeis um ao outro, senão por consentimento mútuo, por algum tempo, para vos aplicardes à oração; e, depois, ajuntai-vos outra vez, para que Satanás vos não tente pela vossa incontinência" (v. 5). Visto dessa forma, o sexo entre os cônjuges é uma responsabilidade *espiritual*. Quando praticado de acordo com o plano de Deus, a intimidade sexual no casamento contribui com a integridade e com o bem-estar de ambos e intensifica seu relacionamento afetuoso.

O CASAMENTO RENOVADO

O Estado do seu Casamento

Durante meus anos como pastor, já vi todo tipo de casamento. A maioria pode ser classificado "geograficamente". Por exemplo, há o que chamo de "casamento do norte do Alasca". Aqui você encontra uma extensa região de tundras congeladas — pouca emoção, aspereza, tédio e inércia. Nesse tipo de casamento, ambos vagam como um morto-vivo saído de algum velho filme de terror. Eles fingem estar vivos, mas o frio no ar logo abocanha qualquer coisa viva e a sufoca com um resfriamento mordaz.

Há também os "casamentos do Colorado". Tais relacionamentos passam por períodos sazonais de frio e calor. Os invernos chegam quando têm vez a crise e o conflito. Essas estações são escuras, pesadas e cheias de neve congelante e ventos impetuosos. Mas os verões espetaculares do casamento do Colorado têm um aspecto claro, um ar revigorante e vistas fabulosas. O problema com esse tipo de casamento é que o frio e o calor se misturam formando um tipo de casamento "morno" ou mediano. E quem gosta de ser mediano? Ninguém quer ser médio; isso simplesmente significa que você é, ou o pior dos melhores, ou o melhor dos piores.

Finalmente, há o "casamento Havaí". Ah! Este casamento é quente, romântico, belo, prazeroso e edificante. A rede balança suavemente debaixo das duas palmeiras, as ondas batem na praia e o arco-íris enche os céus. A vida é maravilhosa.

O Desafio

Em que "estado" está o seu casamento? Se o seu casamento é o quente e adorável "casamento Havaí", você está fazendo um bom trabalho colocando os princípios de Deus em prática no seu relacionamento. Se ele tende a ser mais como o relacionamento "frio e quente" do "casamento do Colorado", então você pode precisar aplicar mais consistentemente os princípios do "Recomeço". Se seu casamento se tornou frio, árido e inerte como uma tundra do norte do Alasca, então está na hora de você e seu cônjuge *começarem* "recomeçando".

A verdade é que nossos casamentos experimentam momentos em todos esses "estados". É por isso que é tão importante seguirmos o plano de Deus para construir um casamento que sobreviverá a todos os climas — e fazer paradas mais frequentes no Havaí! Se você aplicar esses seis princípios para o recomeço, prosseguirá bem em seu caminho removendo seu relacionamento conjugal da tundra congelante do Alasca levando-o às praias tropicais quentes do Havaí.

REFLETINDO SOBRE SEU RELACIONAMENTO

1. Que três coisas você faria diferente se pudesse voltar ao início do seu casamento?
2. Quais dos seis passos para "recomeçar" são mais necessários ao seu casamento? Explique.
3. Você considera seu casamento quente e adorável, quente e frio ou seco e árido? De que formas?
4. Você já abraçou seu cônjuge hoje?

UMA PALAVRA PESSOAL

Formarás um Time Vencedor

Em nossa sociedade, muitos casamentos estão se perdendo porque não prepararam tudo para construir um estilo de vida sólido e vencedor. Este capítulo mostra como se tornar parte de um time que é continuamente vitorioso. Ponha simplesmente os princípios em prática e você nunca perderá um só jogo!

— E.Y.

Mandamento 10

FORMARÁS UM TIME VENCEDOR

O pastor cumprimentava os membros de sua igreja depois de celebrarem o culto de adoração da manhã, quando se voltou para um casal que se aproximava. Este pastor ministrara o casamento deles alguns anos atrás, por isso ficou surpreso com o "oi" seco que lhe deram quando passaram rapidamente por ele. Depois de o casal já estar a certa distância, ambos sussurram algo um para o outro, deram meia-volta e retornaram em direção ao pastor.

— Pastor — disse o homem — só queremos que saiba que estamos nos divorciando, e isso não é da conta de ninguém, apenas da nossa.

O ministro estuda o casal por um instante.

— Isso não está certo — ele diz. — Seu casamento é da conta de *todo mundo.*

NOSSOS CASAMENTOS SÃO DA CONTA DO PAÍS INTEIRO

Vivemos numa época de "direitos pessoais" e "privacidade". Mas muitas vezes nos esquecemos de que somos parte de um grande grupo, e não apenas de nossas vidas e privilégios individuais. Somos membros de uma sociedade e, goste você disso ou não, seu casamento — meu casamento — é da conta do *país inteiro*.

Em Galveston, no Texas, não muito longe de Huston, onde moro, há uma grande quantidade de píeres de madeira que se estendem para o Golfo do México. Uns servem para a piscicultura, enquanto outros para cervejarias e restaurantes. Os píeres sustentam-se sobre colunas fincadas no fundo do mar. Dê uma pancada em uma dessas colunas e a estabilidade do píer inteiro sofrerá. Remova ou enfraqueça um número de pilares e o píer se quebrará nas ondas que vêm por baixo, levando consigo todo o resto para dentro da água.

A questão crucial é: quantas colunas podem se desestabilizar debaixo de um píer antes que ele perca a firmeza?

Sociedades individuais são como aqueles píeres, pairando sobre ondas estrondosas que se agitam, pressionam e ameaçam derrubar nações e culturas inteiras. Mas Deus planejou o casamento para que fosse como aqueles pilares, fincados firmes na fundação de sua verdade e sustentando todo o restante. Sucessivamente, esses casamentos servem de pilares para as famílias — as pessoas aprendem a ser cidadãos estáveis e produtivos quando vêm de lares sólidos. Em casa podemos aprender a autodisciplina, o respeito e a responsabilidade. Como observado por Francis Fukuyama, professor de economia política internacional na Universidade John Hopkins,

> A "Sociedade Civil" — uma confusão complexa de instituições intermediárias, incluindo empresas, associações voluntárias, instituições educacionais, clubes, associações, mídia, instituições de caridade e igrejas — constrói continuamente na família o instrumento primário pelo qual as pessoas são socializadas em sua cultura e pelas quais são dadas as habilidades que permitem-nas viver em sociedades mais amplas; e através do qual os valores e o conhecimento dessa sociedade são transmitidos para as próximas gerações.[1]

Quando o casamento se enfraquece, as famílias se enfraquecem e, como resultado, toda a sociedade sofre. Aquele pastor disse corretamente ao casal que seu casamento era da conta de todo mundo. Quantos casamentos podem ser abalados sob o "píer" do nosso país antes que a nação afunde?

NOSSOS CASAMENTOS SÃO DA CONTA DE NOSSOS FILHOS

Nossos casamentos são certamente da conta de nossos *filhos*. Filhos são como sismógrafos. O tremor mais sutil no relacionamento entre a mãe e o pai é registrado em sua psique.

O relacionamento dos pais dá início a destinos inteiros, já que a maneira como amamos nossos filhos, como os educamos e fazemos com que se sintam seguros afeta seus casamentos e famílias futuros. A pesquisa de George Gallup, por exemplo, mostra que filhas de pais solteiros têm uma chance *164%* maior de ter filhos fora do casamento, um índice de chance de se tornarem mães adolescentes *111%* maior e *92%* a mais de chance de se divorciarem do que meninas criadas por pais casados.[2] Como observado no capítulo 6 (veja na página 127), crianças criadas em lares sem o pai são mais propensas a desenvolverem comportamento criminal tanto na adolescência quanto na fase adulta.

Sem sombra de dúvidas, nossos casamentos são da conta de nossos filhos.

NOSSOS CASAMENTOS SÃO DA CONTA DE DEUS

Nossos casamentos também são da conta de *Deus*. Como vimos em capítulos anteriores, por que Deus ama, Ele se comunica com aqueles a quem ama — isto é, nós.

Bons comunicadores usam uma estrutura comum de referência para se ligar ao seu público. Uma pessoa que busca transmitir uma mensagem a outra observará onde suas vidas e experiências se coincidem e começará pelo ponto em comum. É por isso que Deus muitas vezes fala conosco usando termos alusivos à família. Por exemplo, a Bíblia diz: "Como um pai se compadece de seus filhos, assim o Senhor se compadece daqueles que o temem" (Sl 103.13). Mais uma vez Deus diz através de Isaías: "Como a alguém que sua mãe consola, assim eu vos consolarei; e em Jerusalém vós sereis consolados" (Is 66.13).

Como é possível a um indivíduo sentir o significado do amor compassivo de um pai se não houve um pai que abençoasse a vida dessa pessoa, seja por causa do divórcio, da separação ou da morte? O que significa conforto maternal para um homem ou mulher privado da mãe nos anos de desenvolvimento? Deus, como um pai amoroso, cuida de seus filhos; isso inclui cuidados com o bem-estar da aliança do casamento selada diante dele e das testemunhas.

Também é da conta de Deus porque Ele usa o casamento para ensinar as pessoas acerca do relacionamento que têm com Cristo. Os maridos, Paulo escreveu, devem amar suas esposas da mesma maneira que Cristo amou a Igreja — a ponto de se autossacrificarem, se necessário (Ef 5.25). Quando o marido não ama sua esposa da maneira descrita aqui, o versículo e seu princípio perdem o impacto e até mesmo o significado. *Quando um casamento acaba, a melhor escola teológica que Deus criou para de funcionar.*

É de absoluta arrogância dizer: "Nosso casamento não é da conta de ninguém". Na verdade, ele é da conta de Deus, dos filhos envolvidos e da própria nação.

UM RELACIONAMENTO DINÂMICO

Pelo fato de o casamento ser "da conta de todo mundo", é essencial que todos os esposos e esposas desenvolvam um relacionamento dinâmico.

Conforme observamos esses mandamentos para construir um casamento saudável, nos vêm à mente algumas ideias práticas. Este décimo e último mandamento se origina do nono, porque se nossos casamentos se fortalecerão ao longo dos anos, ambos os parceiros precisam trabalhar juntos — e isso significa trabalho em equipe! Por isso, *formarás um time vencedor.*

Um time existe quando um grupo de dois ou mais indivíduos trabalham pelo mesmo objetivo. Membros de um mesmo grupo podem não compartilhar das mesmas ideias sobre como atingir seu objetivo em comum, mas todos mantêm em mente o mesmo objetivo final.

O plano de Deus para o casamento inclui o trabalho em equipe desde o princípio. Assim, vamos dar uma olhada no que é necessário para formar um time esposo-esposa vencedor.

O TRABALHO EM EQUIPE NO JARDIM

No fim da criação, Deus falou com Adão sobre seus planos: "Não é bom que o homem esteja só; far-lhe-ei uma *ajudadora* que esteja como diante dele" (Gn 2.18, grifo do autor).

Adão deu uma olhada em volta para o lindo paraíso que Deus criara para ele, e detectou algo intrigante: todos os seres tinham seus próprios parceiros. Todos os mamíferos, pássaros, répteis e peixes tinham uma parceira que se parecia muito com eles mesmos, mas com diferenças cruciais. Adão notou, entretanto, que ele próprio não tinha uma parceira — e Deus mesmo se encarregou de fazer com que o homem tivesse sua parceria perfeita. Ele criou a mulher da costela do homem, e Adão imediatamente se alegrou com sua nova parceira: "Esta é agora osso dos meus ossos e carne da minha carne; está será chamada varoa, porquanto do varão foi tomada". Deus intentava que o novo casal formasse um time tão unido que os chamou de "uma carne" (vv. 23,24).

O rei Salomão, mais tarde, expressou o valor crucial do trabalho em equipe quando escreveu: "Melhor é serem dois do que um, porque têm melhor paga do seu trabalho. Porque, se um cair, o outro levanta o seu companheiro; mas ai do que estiver só; pois, caindo, não haverá outro que o levante. Também se dois dormirem juntos, eles se aquentarão; mas um só como se aquentará?" (Ec 4.9-11)

UM TIME DO NOVO TESTAMENTO

O casamento de Priscila e Áquila, dois servos fiéis de Cristo, mostra o grande impacto de um time esposo-esposa. O fato de um nunca ser mencionado na Bíblia sem o outro revela a vitalidade de seu casamento.

Sabemos pouco acerca deles. Viveram em Roma, mas tiveram que deixar a cidade quando o Imperador Cláudio expulsou os judeus.

Como Paulo, tornaram-se construtores de tendas. Na verdade, foi assim que Paulo os conheceu em Corinto. Como a cidade fornecia poucos lugares para os viajantes se hospedarem, Paulo ficou com Priscila e Áquila (At 18.1-3). Durante o tempo em que Paulo permaneceu na comunidade, tinha o hábito de construir tendas durante a semana e ensinar na Sinagoga aos sábados. Como judeus devotos, Priscila e Áquila cuidavam dos cultos. Quando Silas e Timóteo chegaram a Corinto, depois de pregarem na Macedônia, Paulo ficou livre para passar todo o seu tempo ensinando.

Na epístola de Paulo aos Romanos, aprendemos que Priscila e Áquila, na verdade, salvaram a vida de Paulo, arriscando grandemente as suas próprias vidas (At 16.3,4). A igreja local se reunia na casa deste time (v. 5). Paulo falava desses dois com um carinho óbvio, insistindo até mesmo em que as igrejas gentias deviam-lhes sua gratidão. Paulo também transmitiu uma saudação de Áquila e Priscila aos cristãos de Corinto e instruiu o jovem pastor Timóteo a transmitir uma saudação a eles em Éfeso (1 Co 16.19; 2 Tm 4.19).

Áquila e Priscila — dois manufatureiros simples que foram ganhos para Cristo pelo apóstolo Paulo — nos dão um ótimo exemplo de trabalho conjugal em equipe. Seus esforços unidos os qualificam bem como heróis sem medalhas da fé cristã. Eles viajaram com Paulo, fundaram uma igreja, organizavam cultos de adoração em suas casas e até mesmo salvaram a vida do homem que se tornaria uma das figuras mais importantes na história do cristianismo.

Priscila e Áquila tornaram-se importantes não apenas para alguns indivíduos, mas para toda a sua comunidade. Onde quer que vivesse, este casal divino faziam de sua casa uma igreja. Todos sabiam que poderiam encontrar luz, esperança e amor em sua casa.

Mas e se não existisse Priscila e Áquila? E se esse time não tivesse dado certo? Seu casamento e o enorme impacto que causava certamente eram "da conta de todo mundo". Este casal ajudou a salvar a vida de Paulo, e Paulo levou o evangelho ao mundo gentio. Pelos séculos, as Boas Novas se espalhou por toda a Europa e depois chegou ao litoral de nossa própria nação. Então veja, o casamento de Priscila e Áquila é "da *nossa* conta" até hoje!

Os cristãos dos dois primeiros séculos formaram um time vencedor — e eu acredito que Deus quer formar times igualmente poderosos hoje também. Vamos ver o que é necessário para se construir um casamento do tipo Priscila-e-Áquila.

COMPONENTES DE TIMES VENCEDORES

Decidindo Edificar

Em Provérbios 24.3,4 nos diz: "Com a sabedoria se edifica a casa [ou o casamento], e com a inteligência ela se firma; e pelo conhecimento se encherão as câmaras de todas as substâncias preciosas e deleitáveis". A palavra *edificar* é um verbo de ação, seja o contexto a casa, a construção ou o casamento.

É necessário *decidir* edificar, formar um time vencedor. Se nos comprometermos a edificar um time vencedor, Deus é poderoso para nos dar a sabedoria, a inteligência e o conhecimento necessários ao sucesso.

Formando um Time Vencedor

Você já se perguntou o que é necessário para fazer de alguém um vencedor? Pense, por exemplo, no que é necessário para formar um time de futebol universitário vencedor. Muitos componentes-chaves estão implícitos no desenvolvimento de um campeão no campo de futebol.

1. *Um arquiteto competente.* Todo time universitário vencedor tem um "arquiteto" do programa. Há também um arranjo da liderança do topo — o reitor, o presidente, o corpo de diretores e o diretor atlético da universidade. Esse grupo fica fora dos parâmetros das atividades esportivas da universidade, mas é quem provê os fundos. Se esse grupo de indivíduos permanecer totalmente comprometido com a formação de um time vencedor, o time estará no caminho para um programa bem-sucedido.

2. *Um técnico sábio*. Este indivíduo deve ser capaz de obter bom êxito junto à administração da universidade, recrutar jogadores, formar e liderar assistentes, adequar suas atividades ao orçamento e motivar jogadores jovens e talentosos. Knute Rockne, um técnico legendário da Universidade de Notre Dame, era um homem assim. Quando ele morreu em um acidente de avião, certo jornal editou: "Aquele que for capaz de motivar a humanidade dos outros como ele fez é alguém admirável de todas as formas".

3. *Jogadores talentosos*. Todo time vencedor tem uma gama de atletas talentosos, talentos diversos atrelados em uma quadra. Uma equipe técnica não pode formar um time apenas com defensores fortes ou com um único atacante imbatível. A mistura certa de força e habilidade é vital. Mas todos os jogadores precisam ter uma coisa em comum: devem mergulhar no programa de treinamento da equipe técnica. Eles precisam acreditar na direção que a equipe técnica e seus assistentes apontam.

4. *Os fatores psicológicos*. Programas de times de futebol vencedores possuem o que chamaríamos de "fatores psicológicos". Esses times criam a atmosfera de disciplina e cooperação, dois fatores vitais à vitória. Vince Lombardi, que foi um dos melhores profissionais técnicos de futebol, disse: "há algo de bom nos homens que realmente clama por disciplina". O legendário técnico da Universidade de Alabama, Bear Bryant, certa vez falou sobre seu sucesso: "sou apenas um simples agricultor do Arkansas, mas aprendi ao longo dos anos a manter um time unido. Como motivar alguns homens, como acalmar outros, até finalmente conseguir o mesmo ritmo da batida do coração, juntos, um só time". Cooperação — muitos corações trabalhando como se fosse um — isso é essencial para um time vencedor.

5. *Apoio dos fãs*. Em 2002, o Texans de Huston venceu seu jogo de abertura contra o Cowboys de Dallas, tornando-se o primeiro time profissional de futebol americano, em quarenta e um anos, a vencer o jogo de estreia sendo ainda um time novo. Bob McNair, dono do Texans, construiu o Estádio Reliant [localizado em Huston] para ser coberto ou descoberto conforme as circunstâncias, mas o barulho enorme que se volta para o campo é outro benefício do estádio quando está coberto. Os

fãs barulhentos animaram seu novo time de tal forma que este acabou por conquistar uma estonteante virada. O Texans, ainda recém-formado, virou o jogo contra o Cowboys, favorito, estável e pesado, por isso eu diria que a vantagem de se jogar no campo de casa ajudou!

Todos esses ingredientes devem ser adicionados à mistura de um time de futebol vencedor. Quando todos são juntados, a vitória acaba acontecendo; é apenas uma questão de tempo. Acredito que princípios similares possam ser aplicados na formação de um time conjugal vencedor.

COMPONENTES DE UM TIME CONJUGAL VENCEDOR

Assim como o time de futebol precisa do apoio do arquiteto, do técnico, dos jogadores, dos fatores psicológicos e dos fãs para vencer, um casamento vencedor também precisa colocar as peças certas nos lugares certos.

1. O Arquiteto Eterno

Formar um time de futebol vencedor requer compromisso com o sucesso, começando do topo. O mesmo acontece na formação de um casamento vencedor. Temos um Arquiteto que deseja nos ver bem-sucedidos em nossos casamentos até mais do que nós mesmos.

O profeta Malaquias viveu numa área onde as pessoas cada vez mais lançavam mão do divórcio como uma "solução" para suas doenças conjugais. Isso soa familiar, não é? Isso, ele sabia, era algo que desagradava muito ao Senhor, pois Deus queria que os maridos e as esposas vivessem em unidade. "Não foi o Senhor que os fez um só?", perguntou o profeta. "Em corpo e em espírito eles lhe pertencem... Portanto, tenham cuidado: Ninguém seja infiel à mulher da sua mocidade. 'Eu odeio o divórcio', diz o Senhor, o Deus de Israel... Por isso, tenham bom senso; não sejam infiéis" (Ml 2.15,16 – NVI).

Nosso Pai Celestial planejou o casamento para ser uma união perfeita. Ainda que a chegada do pecado tenha danificado essa união, ainda assim podemos formar um time vencedor — *se* seguirmos as instruções do Arquiteto. Ele nos ama e quer que os casais reflitam esse amor um para o outro e para os que o cercam. Ele gratuitamente nos dá sabedoria, inteligência e conhecimento mais do que o suficiente para formar um time conjugal vencedor. No entanto, mais do que isso, Ele nos enviou o dom do amor por meio do nosso "Técnico", Jesus Cristo.

2. O Técnico Certo

A administração de uma universidade que deseja formar um time de futebol vencedor procura um técnico que não apenas *diga* aos jogadores o que é necessário para vencer, mas que *mostre* a eles com seus próprios atos. Não é nem um pouco surpreendente que nosso Técnico, para fazer um time conjugal vencedor, seja Jesus Cristo. Se o esposo e a esposa se comprometem de forma individual com Cristo, Ele está pessoalmente em suas vidas — e tem o "manual do jogo".

Nosso versículo em Provérbios 24, anteriormente mencionado, descreve o que Jesus traz ao time do casamento: "Com a sabedoria se edifica a casa, e com a inteligência ela se firma" (v. 3). Vejamos a sabedoria e a inteligência que nosso Técnico traz ao time conjugal.

A palavra hebraica "sabedoria" em Provérbios refere-se a "astúcia prática". Em outras palavras, temos competência e confiança quando enfrentamos as realidades da vida. A sabedoria de Deus não é apenas matéria espiritual, mas o próprio senso de como fazer coisas específicas. Deus sugere que seus princípios sejam compreendidos e aplicados em nossa vida cotidiana.

Não é de modo algum surpreendente, então, que Paulo se refira a Jesus como "feito por Deus sabedoria" (1 Co 1.30). Cristo é a demonstração prática da sabedoria de Deus. Ele é a sabedoria de Deus com mãos e pés.

"Todos os tesouros da sabedoria e da ciência" estão em Jesus Cristo (Cl 2.3). Pense nisso deste jeito: quando Bear Bryant caminhou para o campo de futebol, ele carregava em sua mente "todos os tesouros da sabedoria e da ciência" das estratégias de futebol que o tornaram um dos maiores e mais bem-sucedidos técnicos da história. Sua mera presença gerava confiança em seu time e nos técnicos assistentes. Eles confiavam em sua sabedoria a respeito do futebol.

A atordoante realidade é que o marido e a esposa que individualmente convidaram Cristo para entrar em suas vidas têm "a mente de Cristo" (1 Co 2.16). Todos os tesouros da mente de Cristo estão agora no espírito da pessoa em quem ela habita. A questão agora é acessar o que nós já temos e colocar isso em prática.

Como acessamos a mente de nosso "Técnico" em nosso casamento? Os jovens mais famosos que já jogaram sendo instruídos pelo técnico Bryant buscaram conhecê-lo mais intimamente possível. Tentavam pensar como o grande técnico e imaginar como ele responderia a uma determinada situação. Similarmente, quanto mais andamos em intimidade com Jesus Cristo, mais os tesouros de sua sabedoria e inteligência tornam-se nossos. Ele diz que essa proximidade dele deve ser tão próxima quanto está a vara da videira (veja João 15). Jesus faz até mesmo o apelo estarrecedor de que "se vós estiverdes em mim, e as minhas palavras estiverem em vós, pedireis tudo o que quiserdes, e vos será feito" (Jo 15.7).

Que promessa tremenda! Se Jesus viver em nós e nós vivermos nEle, então saberemos como Ele pensa e o que deseja, e por isso pediremos o que Ele deseja. Oraremos a perfeita vontade de Deus, e é exatamente isso que vamos obter!

A chave para que o marido e a esposa apliquem a sabedoria do "técnico" aos seus casamentos é, em primeiro lugar, receber a Cristo; e, em segundo lugar, tornar-se íntimo dEle através do contínuo estudo de sua Palavra, da oração e da adoração. Quanto mais essa sabedoria prevalece no casamento, mais cresce o relacionamento.

Jesus também nos dá a inteligência essencial para formarmos um time conjugal vencedor. A Sabedoria, diz Provérbios 24.3, edifica a casa, mas a "inteligência" a firma. Em outras palavras, ser *inteligente* é o que traz estabilidade ao casamento. A *sabedoria* é a condição, ou o estado, e a *inteligência* é a prática resultante.

Quando Jesus tinha doze anos, Ele acompanhou seus pais a Jerusalém, onde conversou com os líderes do Templo. Eles "admiravam a sua inteligência e respostas", diz Lucas (2.47). A palavra grega para *inteligência* vem de um termo que significa "associar mentalmente as partes". Jesus tinha a capacidade de ver a cena como um todo, ver como cada coisa se encaixava em seu lugar. Se Ele tivesse sido um técnico do jogo da velha, todos os seus "X" e "O" teriam sido marcados no lugar perfeito — sempre!

Uma das comédias mais famosas da televisão é *Frasier*. O programa envolve dois irmãos, ambos psiquiatras. O humor está na caracterização de ambos como "brilhantes", mas sem quem tenham qualquer senso comum. Frasier é capaz de citar qualquer texto de Freud, mas já se divorciou três vezes. Ele e seu irmão, Niles, sabem cantar óperas de cor, mas dificilmente conseguem se comunicar com pessoas comuns. Eles enxergam problemas etéreos, mas não percebem as ocorrências mais óbvias.

Mas o time esposo-e-esposa que segue a Jesus Cristo como Técnico de seu time receberá a inteligência para resistir durante as tormentas inevitáveis do mundo pecador em que vivemos.

3. Os Jogadores

Alguns técnicos são melhores que outros na hora de convocar os seus melhores jogadores. Mas técnicos vitoriosos não encontram simplesmente jogadores talentosos para os seus programas, eles também desenvolvem apropriadamente esses atletas para que usem todo o seu potencial. Alguns técnicos parecem possuir a fantástica habilidade de encontrar jogadores talentosos anônimos e transformá-los em superestrelas.

Deus nos recrutou como jogadores para os propósitos do seu Reino. Quando permitimos que Jesus Cristo seja nosso Técnico, Ele pode usar nossos talentos e habilidades mais simples para fazer coisas extraordinárias. Sem Cristo ao nosso lado, nada podemos fazer. Mas com Cristo ao nosso lado, temos todo o talento de que necessitamos para formar um time conjugal vitorioso.

Como muitos jogadores, entretanto, precisamos de incentivo. Necessitamos ouvir que somos capazes, mesmo quando estamos bastante cabisbaixos! Um bom técnico nunca deixa seu time pensar como um perdedor. Ele nunca deixa que a palavra "perder" se torne parte do vocabulário de seus jogadores. Tampouco deixará nosso Senhor.

Tendemos a seguir o exemplo de Moisés, que veio com um monte de desculpas quando Deus o convocou a liderar o povo de Israel para fora do cativeiro. Enquanto Moisés disse: "Quem sou eu para que me peças para fazer tal coisa?", tendemos a dizer: "Eu já tentei de tudo em prol do meu casamento, o que mais posso fazer?" Enquanto Moisés disse: "Não lido bem com as palavras", às vezes reclamamos: "Meu esposo [ou esposa] e eu nunca nos comunicamos muito bem". Enquanto Moisés disse: "Não tenho a força necessária para realizar essa tarefa", dizemos: "Não acho que tenhamos a energia necessária para continuar lutando por nosso casamento".

E qual é a resposta de Deus? "Você consegue, porque eu *vou* com você!" Ou, como diz o apóstolo Paulo: "Posso todas as coisas naquele que me fortalece" (Fp 4.13). Pelo fato de você e seu cônjuge terem sido escolhidos por Ele, ambos têm todo o talento de que precisam para se tornarem um time vencedor. Na verdade, com o Senhor trabalhando em nós, fazendo por dentro as mudanças e ajustes necessários, não há nada que *não* possamos fazer.

4. Os Fatores Psicológicos

Assim como todo time de futebol precisa desenvolver seus aspectos psicológicos, as pequenas coisas que agem a favor do vencedor, assim também é com qualquer casamento vitorioso. Mas que fatores psicológicos podem ajudar o casamento a construir uma tradição de vitórias? Vou começar com o que considero ser mais importante.

O fator mais importante é *estabelecer um objetivo*. O casal precisa estabelecer objetivos de longo prazo tanto quanto os de curto prazo. Quando perguntava aos casais sobre seus objetivos do casamento, recebi respostas bastante reveladoras. "No momento", alguns me disseram, "estamos apenas procurando permanecer juntos". Um objetivo de curto prazo, nada mal; mas para construir um time conjugal vencedor, precisamos de objetivos de longo prazo.

Talvez o único objetivo de longo prazo indispensável no casamento seja que ambos se tornem o tipo de amantes que amarão um ao outro assim como Deus nos amou, até que a morte nos separe. Esse parece ser um amor irracional, incondicional, sobrenatural, um amor que dá, dá e dá ainda mais? Suponho que sim. Mas nenhuma outra coisa além dessa funcionará.

O segundo fator é o *comprometimento*. Times de futebol equipados com um arquiteto brilhante, um ótimo técnico e jogadores talentosos ainda não conquistarão muita coisa sem que tenham um comprometimento com a vitória. O mesmo vale para os nossos casamentos. Comprometimento significa que você se introduz no programa, mesmo em anos mais difíceis. Comprometimento significa que buscará constantemente caminhos melhores de se fazer o que precisa ser feito. Comprometimento significa que você desenvolverá uma visão voltada para o futuro e que perseverará para realizar essa visão.

Comprometimento requer perseverança, porque nenhum programa vencedor pode atingir um recorde de sucesso constante. Nenhum time permanece imbatível ano após ano, década após década. Nosso time conjugal precisa desenvolver o tipo de perseverança descrito pelo autor de Hebreus:

> Porque necessitais de paciência, para que, depois de haverdes feito a vontade de Deus, possais alcançar a promessa. Porque ainda um poucochinho de tempo, e o que há de vir virá e não tardará. Mas o justo viverá da fé; e, se ele recuar, a minha alma não tem prazer nele. Nós, porém, não somos daqueles que se retiram para a perdição, mas daqueles que creem para a conservação da alma (Hb 10.36-39).

Você quer ser parte de um time conjugal vencedor? Então precisa firmar o tipo de compromisso que o leva à perseverança.

O terceiro fator é a *disciplina*. Formar um time conjugal vencedor requer disciplina. Para correr a corrida da vida, diz Paulo, "subjugo o meu corpo" (1 Co 9.27). A ideia por trás da palavra grega que Paulo usa é o domínio ou controle das paixões. Se você treinar, consegue a disciplina.

É importante que se construam disciplinas no casamento que rejam a maneira como o casal toma decisões, como o esposo e a esposa lidam com seus filhos em unidade, como estruturam e gastam o orçamento familiar, como solucionam os conflitos, tanto quanto em muitas outras áreas. E os filhos de tais casamentos aprendem a importância do autocontrole pelo exemplo de seus pais.

O quarto fator é a *cooperação*. Eclesiastes aponta o valor prático da cooperação. Leia novamente Eclesiastes 4.9-11 e observe resultado de se trabalhar em união.

Primeiro, o esposo e a esposa que trabalham juntos terão "melhor paga do seu salário" (v. 9). Literalmente, "paga" significa "compensação". Os cônjuges que funcionam como um, na tomada de decisões, têm um grande "pagamento", que são as decisões sólidas e bem consideradas.

Segundo, no casamento em que o marido e a esposa trabalham juntos, há constante motivação para ambos. Se um cai, o outro estará lá para levantar seu cônjuge. Se o marido deslizar nas dúvidas e perder a confiança, a esposa, nesse relacionamento "unido", será sensível à situação difícil em que se encontra seu marido e o ajudará. Se a esposa chegar à conclusão de que é incapaz, seu "parceiro de time" lhe transmitirá confiança. Juntos, o marido e a esposa edificam constantemente um ao outro.

Terceiro, em um casamento caracterizado pela cooperação, os parceiros "se aquecem". A palavra hebraica para "aquentar" nessa passagem significa, entre outras coisas, "inflamar". Isso é muito mais do que prover aquecimento para o corpo. Um casamento "cooperativo" nos enche de paixão, entusiasmo e encorajamento mútuo. O marido e a esposa buscam oportunidades de parabenizar o outro e reconhecer seus progressos e sucessos.

De acordo com o versículo 12, há um quarto benefício de se ter um casamento unido: a força: "E se alguém quiser prevalecer contra um, os dois lhe resistirão; e o cordão de três dobras não se quebra tão depressa". O estresse do mundo exterior exerce uma pressão sobre os cônjuges, ameaçando puxá-los para longe um do outro. Dinheiro, empregos, tentações, diferenças de gênero e expectativas são todos parte dessa pressão exercida sobre a união entre o marido e a esposa. É necessária uma força maior do que todas essas no núcleo do casamento que exerça uma força magnética tão forte que não possa ser superada.

É isso o que acontece quando o casal põe Deus no centro de seu relacionamento. Sua força no centro do casamento é tão grande que o relacionamento não pode ser rompido, não importa a intensidade do estresse.

5. Apoio dos Fãs

O "apoio dos fãs" é tão necessário para o time conjugal vencedor quanto o é para um time atlético. No casamento, esse apoio vem do encorajamento da família, dos amigos, dos filhos, dos colegas de trabalho e da família cristã.

O capítulo 12 de Hebreus descreve uma "grande nuvem de testemunhas" que se alegram no povo de Deus em sua "corrida" neste mundo pecaminoso (v. 1). Essas testemunhas nos encorajam a superar os obstáculos que nos impedem de correr uma corrida vitoriosa e de correr com resistência. Assim, no casamento, os "fãs" encorajam o marido e à esposa em seu relacionamento vitorioso. Isso significa que é importante que o casal escolha amigos que lhes darão esse apoio positivo.

Quando estive em Paris anos atrás, lembro-me de ter visto a majestosa catedral de Notre Dame. A estrutura recebe apoio externo de seus famosos "arcobotantes". Esses enormes suportes de pedra exercem uma força externa sobre a catedral e a firmam contra um colapso. Assim também é no casamento, o suporte externo intensifica a unidade interna.

Isso nos remete novamente a Priscila e Áquila e seu forte casamento. Eles receberam apoio "externo" por intermédio da pessoa do apóstolo Paulo e dos cristãos que se reuniam em sua casa como uma igreja. Seja em Corinto, Éfeso ou em Roma, eles receberam força e encorajamento tanto em suas vidas individuais quanto em seu relacionamento conjugal por seu companheirismo para com os seguidores de Jesus.

Os maridos e as esposas de hoje precisam ter um tipo similar de base de fãs para formar um time conjugal vencedor. Isso inclui os professores que ministram a Palavra de Deus, junto aos irmãos da fé que dão o apoio. Tudo isso vem aos cônjuges por meio dos encontros semanais da igreja e também de pequenos grupos, classes e outros elementos de uma igreja próspera.

O PAPEL DA DETERMINAÇÃO E DO COMPROMISSO

Todo o apoio do mundo não servirá de nada sem uma forte determinação e um comprometimento firme da parte do esposo e da esposa para desenvolver um time conjugal vencedor.

Kathleen Kauth, enquanto passava pelo saguão de um hotel em Portland, Oregon, deu uma olhada na imagem da televisão. Arrepios tomaram o seu corpo. Ela acabara de aterrissar para fazer baldeação depois de um voo esgotante da China, onde jogara com o Time de Hockey Feminino dos Estados Unidos.

A data era 11 de setembro de 2001.

Kathleen não conseguiu tirar os olhos das imagens terríveis na tela que mostravam as torres do Wolrd Trade Center em Nova York em chamas. A coisa que mais congelou seu coração foi saber que seu pai, Donald, trabalhava como alista bancário em uma das torres. Durante todo aquele dia ela esperou ansiosamente por uma ligação de seu pai, que nunca chegou. Ele morreu no ataque.

Mas apenas quinze dias após a perda de seu pai, Kathleen inspirou seu time com seu comprometimento. Ela voltou a deslizar no gelo, determinada a conquistar um lugar no Time Olímpico dos Estados Unidos. "É isso que meu pai gostaria que eu fizesse", disse ela a seus amigos. Suas companheiras de time concordaram.

"Eu acho que esse foi o primeiro passo para trazer este time de fato a uma união", disse em seguida Krissy Wendell. "Isso realmente uniu este time".

"Precisamos umas das outras e ser fortes umas pelas outras", disse outra. "Precisamos umas das outras agora mais do que nunca".[3]

O exemplo de Kathleen revela um ciclo dinâmico. Sua paixão resultou em comprometimento pessoal, demonstrado pela determinação que inspirou a força, o compromisso e a determinação em suas colegas de time. Um time pode ter o melhor técnico, ou as melhores estratégias e os fãs mais entusiásticos. Mas sem força, comprometimento e determinação, esse time perderá.

TRABALHANDO JUNTOS PARA VENCER

Poucas pessoas discutiriam que Vince Lombardi, o famoso técnico do time de futebol Green Bay Packers, construiu o padrão para os times do campeonato mundial. O cobiçado troféu Super Bowl leva seu nome. Sem dúvidas, Lombardi sabia como vencer. Certa vez ele disse: "O trabalho em equipe era tudo para o Green Bay Packers. Eles não faziam nada por glória pessoal. Eles faziam porque amavam uns aos outros".[4] O técnico do Hall da Fama sabia que vencer é uma questão apenas do "time".

Penso que Priscila e Áquila teriam concordado com a postura de Lombardi quanto ao trabalho em equipe. Eles teriam sorrido ao ouvi-lo dizer: "As pessoas que trabalham juntas vencerão, seja contra complexas defesas no futebol, ou contra os problemas da sociedade moderna".[5] Acho que teriam meneado afirmativamente a cabeça, dado as mãos, olhado nos olhos um do outro e dito em uníssono: "É verdade, técnico. Mas também isso inclui ainda o casamento".

Você quer vencer no casamento? Deus criou cada casamento para ser um time vencedor. Se você aplicar sabiamente os princípios de sucesso dEle em seu próprio casamento, então vocês serão uma bênção não somente um para o outro, mas para o mundo ao seu redor.

Assim como foram Priscila e Áquila.

REFLETINDO SOBRE SEU RELACIONAMENTO

1. Se seu casamento fosse de fato um time de futebol universitário, em que posição estaria?

   ☐ Estamos na lista dos cinco primeiros, competindo pelo campeonato.

   ☐ Estamos entre os dez primeiros, derrubados por uma derrota de vez em quando, mas somos um time vencedor.

☐ Vencemos alguns jogos, perdemos outros, mas poderíamos melhorar bastante.

☐ Estamos perdendo mais do que ganhando; não deixamos que o técnico nos guie no dia a dia do nosso casamento.

2. Em que áreas seu cônjuge precisa de algumas "instruções do técnico?"

3. Como sua família e amigos fornecem "apoio dos fãs" para o seu casamento?

4. Qual é o ponto forte do seu time conjugal?

Palavra Final

Bem, espero ter alcançado meus dois objetivos com este livro. Meus objetivos eram *convencê-lo* de que você pode ter um ótimo casamento — e *desafiá-lo* a fazer o que for necessário para obter um ótimo casamento.

Tentando pensar em um casamento que pudesse resumir o tipo de amor, diversão, carinho e comprometimento que resultam da prática desses dez princípios do casamento, acabei me lembrando da história que ouvi anos atrás. Ela versa a respeito de um casal que chamarei de Bob e Sarah.

Eles já estavam casados há cinquenta anos. Bob e Sarah eram tão apaixonados — eles se tocavam, riam, caçoavam e brincavam um com o outro. Nos primeiros dias de sua união, eles jogaram um jogo que ninguém entendera. Escreviam uma palavra engraçada num pedaço de papel e o escondiam em diferentes lugares da casa. A palavra era "VOQETA".

Tinha vezes que Sarah procurava dentro do exaustor do fogão, e lá estava "VOQETA". Bob saía do chuveiro e via escrito no espelho embaçado: VOQETA. Certa vez, ela desdobrou um rolo de papel higiênico inteiro e escreveu na última folha: VOQETA.

Eles jogaram esse jogo durante toda a vida de casados. As crianças conheciam o jogo, mas ninguém sabia o que VOQETA significava. Elas nem mesmo sabiam como se pronunciava isso!

Não muito tempo depois do seu aniversário de casamento de cinquenta e dois anos, os médicos diagnosticaram que Sarah estava com câncer. Ela lutou com a doença por aproximadamente dez anos. Todos se maravilhavam enquanto observavam esse casal permanecer unido durante tudo isso. E por todo o tempo continuaram com seu jogo do VOQETA. Então, um dia, Sarah morreu.

O funeral foi um glorioso momento de celebração pela vida maravilhosa que teve, mas com vestígios de tristeza. Os filhos, os netos e, agora, até os bisnetos olhavam para Bob quando ele disse adeus a sua amada esposa, sua parceira de time por mais de sessenta anos.

O silêncio reinou no percurso até o cemitério. Quando chegaram à cova, todos notaram a grande fita rosa sobre o caixão — e lá estava, em letras gigantes, escrito na faixa: VOQETA! Eles acompanharam quando ele andou até o caixão e com uma voz suave e grave começou a cantar para ela. Em união, a família deu as mãos e começou a chorar.

Quase todo mundo saiu silenciosamente de perto para que ele pudesse ficar sozinho por um instante. Mas uma de suas netas, uma jovem adolescente, permaneceu atrás dele. Ela estendeu a mão e segurou a dele.

— Vovô — disse — diga-me, o que significa VOQETA?

Bob olhou em seus olhos e com um tenro sorriso respondeu:

— VOQETA é a sigla de Veja o quanto eu te Amo.

Quanto devemos amar nosso cônjuge? Tanto quanto Cristo ama a Igreja. Lembre-se e pratique o mandamento de Efésios 5.25-27: "Amai vossa mulher [e vosso marido] como também Cristo amou a igreja e a si mesmo se entregou por ela, para a santificar, purificando-a com a lavagem da água, pela palavra, para a apresentar a si mesmo igreja gloriosa, sem mácula, sem ruga, nem coisa semelhante, mas santa e irrepreensível".

Notas

Mandamento 1: Não Serás um Porco Egoísta

[1] Willard F. Harley Jr., "How the Co-dependency Movement Is Ruining Marriages", artigo publicado no site www.marriagebuilders.com/graphic/mbi8110_cod.html. Acessado em 5 de dezembro de 2002.

[2] Calendário The 365 Stupidest Things Ever Said, terça-feira, 24 de outubro de 2000, Editora Workman.

[3] John Piper, Desiring God, Edição de 10 Anos (Sisters, Oreg.: Miltnomah, 1996), p. 187.

Mandamento 2: Cortarás o Cordão Umbilical

[1] Gênesis 2.24; Mateus 19.5; Marcos 10.7,8; 1 Coríntios 6.16; Efésios 5.31.

[2] Amy Dickinson, "Take a Pass on the Postnup", Time, 23 de julho de 2001, p. 73.

Mandamento 3: Comunicar-te-ás Continuamente

[1] Eileen Silva Kindig, "Squeezed for Time?" Marriage Partnership, verão de 1998, p. 42.

[2] Stephen Seplow e Jonathan Storm, "Remote Control: 50 Years of TV Time", Philadelphia Inquirer, p. 30 de novembro de 1997, B6.

[3] "A.C.M.E. History and Basic Principles", conforme citado no site http://www.bettermarriages.org/publications/histpry.html. Acessado em 31 de janeiro de 2003.

[4] Por exemplo, John Powell observa cinco níveis de comunicação entre duas pessoas. Veja este trabalho citado em Marriage Takes More than Love, de Jack e Carole Mayhall (Colorado Springs: NavPress, 1978), p. 88.

[5] Adaptado de "Lohnny Lingo`s Eight-Cow Wife", de Patrícia McGerr, Reader´s Digest, fevereiro de 1988, pp. 138-141. Originalmente publicado em Woman´s Day, novembro de 1965.

[6] Ibid., p. 141.

Mandamento 4: Farás do Conflito o teu Aliado

[1] Loren Stein, "Building Bliss" em http://www.blueprintforhealth.com/topic/brmarriage. Acessado em 31 de Janeiro de 2003. Descobertas dos estudos de Stein em John Gottman, Seven Priinciples to Making Marriage Work (Nova York: editora Three Rivers, 2000).

Mandamento 5: Não Afundarás na Lama das Dívidas

[1] Russel D. Crossan, apresentação na Focus on the Family Physicians Conference, em novembro de 1998, Clearwater, Flórida.

[2] "J. Paul Getty Dead at 83", Nova York Times, 6 de junho de 1976.

[3] Veja How to Suceed with Your Money, de M. Bowman (Chicago: Moody, 1960); e You Can Be Financially Free, de George Fooshee (Old Tappan, N.J.: Revell, 1976).

[4] James Patterson e Peter Kim, The Day America Told The Truth (Nova York: Prentice Hall, 1991), p. 66.

[5] Ed Young, Fatal Distractions (Nashville: Thomas Nelson, 2000).

[6] Lucas 19.9.

Mandamento 6: Fugirás da Tentação Sexual — On-line e de outras Formas

[1] A história de Davi e Bate-Seba e as consequências resultantes dela são encontradas em 2 Samuel 11;12.

[2] A história se encontra em Gênesis 39.

[3] "Forecast 2000", artigo da Gallup Organization, Princeton, N.J.; conforme citado em Index of Leading Cultural Indicators, de William J. Bennett (Washington: Empower América, 2001), p. 56.

[4] Ibid., p. 59.

[5] Ibid., p. 54.

[6] Lisa Beamer, "It´s the Day`s Very Darkness That Lights Our Path", Houston Chronicle, 10 de março de 2002, 3c-5c.

[7] Ouvi a história de Lewis alguns anos atrás e não me lembro da fonte.

Mandamento 8: Manterás Acesa a Chama do Casamento

[1] Robert Browning, "Rabbi Ben Ezra", Dramatis Personae (Londres: Chapman & Hall 1864), s.p.

[2] Annette P. Bowen, Focus on the Family, fevereiro de 1989, p. 8.

[3] Kay Kuzma, "Celebrating Marriage", Family Life Today, maio/junho de 1986, p. 14.

[4] Bill e Nancie Carmichael e Dr. Timothy Boyd, "Paving the Way to Intimacy", Virtue, março/abril de 1988, p.16.

[5] Kenneth S. Kantzer, "The Freedom of Jealousy", Christianity Today, 21 de outubro de 1988, p. 11.

[6] Nathaniel Branden, "Advice That Could Save Your Marriage", Reader's Digest, outubro de 1985, p. 27.

[7] Elizabeth Cody Newenhuyse, "Train Up a... Spouse?" Today's Cristian Eoman, março/abril de 1989, p. 32.

Mandamento 9: Recomeçarás Continuamente

[1] T. L. Haines e L. W. Yaggy, The Royal Path of Life (Filadélfia: Eastern Publishing, 1880), s. p.

[2] Adaptado de Top 10 Intimacy Needs, de David Ferguson e Don McMinn, um livreto publicado pela editora Intimacy para o Center of Marriage and Family Intimacy, Austin, Texas, pp. 23-25.

[3] Veja 2 Coríntios 5.17.

[4] "The Hug"; fonte desconhecida.

Mandamento 10: Formarás um Time Vencedor

[1] Francis Fukuyama, Trust: The Social Virtues and the Creation of Properity (Nova York: Simon & Schuster, 1995), p. 5.

[2] Conforme citado em Index of Leading Cultural Indicators, de William Bennett (Washington: Empower America, 2001), p. 55.

[3] Damian Cristodero, "Determination After Tragedy Bonds Team", St. Petersburg Times, 21 de outubro de 2001, 7C.

[4] Conforme citado no site http://www.vincelombardi.com/quotes/team-work.html. Acessado em 17 de Janeiro de 2003.

[5] Ibid.